Zurück im Leben

Silvia Eyer
Zurück im Leben

Mein Weg aus der Heroinsucht

WÖRTERSEH

Wörterseh wird vom Bundesamt für Kultur
für die Jahre 2021 bis 2024 unterstützt.

Lektorat: Brigitte Matern
Korrektorat: Andrea Leuthold
Umschlaggestaltung: Thomas Jarzina
Foto Umschlag vorn: Sascha Erpen
Foto Umschlag hinten: die fünfzehnjährige Silvia beim Ausflug
mit ihrer Mutter nach Barcelona (Privatarchiv)
Layout, Satz und Herstellung: Beate Simson
Druck und Bindung: CPI Books GmbH

Print ISBN 978-3-03763-151-5
E-Book ISBN 978-3-03763-843-9

www.woerterseh.ch

Für alle, die einen Ausweg suchen

Man ertrinkt nicht, weil man unter Wasser taucht,
sondern weil man unter Wasser bleibt.

Paulo Coelho

Inhalt

Prolog

Das Geheimnis der Veränderung ist,
alle Energie nicht auf die Bekämpfung des Alten
zu legen, sondern auf den Aufbau des Neuen.

Dan Millman

Die Energie auf den Aufbau des Neuen legen – die Aussage des Zitats trifft auch auf mich zu. Nach meiner Sucht kämpfte ich lange Zeit mit Minderwertigkeitsgefühlen. Ich lenkte meine Energie auf die Vergangenheit. Erst als ich begonnen habe, meine Geschichte als die meinige zu akzeptieren, konnte ich meine Kräfte für den Aufbau des Neuen einsetzen. Dazu gehört auch dieses Buch. Doch sollte ich meine Geschichte wirklich veröffentlichen? Ich habe lang überlegt. Denn ich wollte ja auch von den dunkelsten Zeiten in meinem Leben erzählen. Ohne etwas auszulassen. Würde ich mit der Kritik umgehen können, wenn ich für das, was ich erzähle, an den Pranger gestellt würde? Meine Antwort lautete schließlich klar und deutlich: »Ja, das kann ich.« Denn ich bin nun mal der Mensch, der ich bin. Und meine Zeit als Heroinsüchtige ist ein Teil davon. Allerdings werde ich – und dafür bitte ich um Verständnis – einige Personen, die in meinem Leben eine Rolle spielten, nicht bei ihrem richtigen Namen nennen, andere klammere ich sogar ganz aus. Denn es ist *mein* Entschluss, dieses Buch zu schreiben, und nicht ihrer, und ich möchte niemanden ungewollt ins Licht der Öffentlichkeit zerren.

Vieles in meinem früheren Leben war sehr schmerzhaft. Beim Schreiben stiegen längst vergessene Erinnerungen auf, und mit den Erinnerungen kamen die Schuldgefühle. Vor allem meinen Eltern gegenüber, denn sie haben meinetwegen viel gelitten. Ungeschehen machen kann ich das alles nicht. Umso dankbarer bin ich, wenn ich sie heute sagen höre, dass sie durch mich auch Positives erfahren hätten, dass, was ich ihnen zugemutet hatte, ihnen sogar einiges über sich und das Leben aufzeigte. Was genau und wie sie die Zeit meiner Drogensucht erlebt hatten, berichten sie im Anhang des Buchs.

Ich möchte allerdings nicht einfach nur meine Geschichte erzählen. Es ist mir wichtig, aufzuzeigen, dass das Leben zwar manchmal sehr schwer sein kann, dass man die Hoffnung aber nie aufgeben darf. Aufstehen, weitergehen! Jeder Schritt, und ist er noch so klein, zählt. Jeder Schritt lässt einen wachsen. Meine Geschichte zeigt aber auch, wie viel Leid hinter einer Drogensucht steckt. Dieses Thema war für viele Jahre weitgehend aus den Medien verschwunden. Bis Mitte der 1990er-Jahre hatte es in der Schweiz eine große offene Drogenszene gegeben. Die Suchtkranken waren damals für alle sichtbar. Seither hat sich viel getan, die Drogensüchtigen wurden einerseits von der Straße geholt, anderseits begann man, ihnen das Leben in der Abhängigkeit zu erleichtern. Deshalb gibt es heute Drogenanlaufstellen wie Fixer- oder Gassenstuben, die kostenlose Abgabe sauberer Spritzen sowie Programme für Schwerstabhängige und solche für Ausstiegswillige. Denn es gibt sie noch, die Suchtkranken.

Laut der Stiftung Sucht Schweiz befanden sich im Jahr 2021 15 996 Personen wegen ihres Opioidkonsums in einer Substitutionsbehandlung, bekamen also beispielsweise das synthetische Ersatz-Opioid Methadon. Die Mehrheit hatte nicht zum ersten Mal eine Behandlung begonnen, sondern bereits vorher einmal versucht, durch eine Therapie clean zu werden – das zeigt, wie schwer der Ausstieg aus der Sucht tatsächlich ist.

Für 2021 gibt das schweizerische Bundesamt für Gesundheit 147 Drogentote an – 1995 waren es noch 376 gewesen –, die meisten starben aufgrund einer Heroinsucht. Diese Zahl erfasst allerdings hauptsächlich diejenigen, die direkt an ihrer Sucht starben, und kaum Todesfälle aufgrund der schrittweisen Verschlechterung des Gesundheitszustands nach langjährigem Drogengebrauch. 2012 waren es 121 Drogentote: Es gibt also wieder eine leichte Aufwärtstendenz. Und in den letzten Monaten berichten Schweizer Medien zudem über neu entstehende offene Drogenszenen, in Zürich beispielsweise, in Chur oder auch im Kanton Aargau.

Es liegt mir also eines sehr am Herzen: Suchterkrankte – wie auch andere Menschen mit Problemen – werden oft verurteilt. Wir sollten aber nicht vorschnell über andere richten. Denn wir wissen nicht, was sie alles durchgemacht haben. Jeder Mensch auf dieser Erde trägt einen Rucksack mit sich. Wie schwer dieser ist und womit er gefüllt ist, erfahren wir erst, wenn wir uns mit ihm auseinandersetzen.

Und zum Schluss noch dies: Ich werde meine Leserinnen und Leser in diesem Buch duzen. Zum einen sind wir bei uns im Wallis generell schnell und gern beim Du. Zum anderen ist es einfacher für mich, weil ich so eine gewisse Nähe zulasse.

Silvia, im Dezember 2023

Mein Büro im Märchengarten

Kinder kennen weder Vergangenheit noch Zukunft.
Sie genießen die Gegenwart.

Jean de La Bruyère

Gegen Mittag hämmerte es plötzlich gegen die Tür. Said war gerade losgegangen, um neuen Stoff zu besorgen. Hatte er etwas vergessen? Aber warum trat er so wütend gegen die Tür? Im nächsten Augenblick krachte es ohrenbetäubend. Ein Rammbock ließ unsere Wohnungstür aus dem Schloss springen und krachend gegen die Wand prallen. Polizisten stürmten in die Wohnung. Es ging alles rasend schnell. Einer zielte mit der Pistole auf mich und brüllte: »Auf den Boden! Auf den Boden mit dir!« Ich ging sofort hinunter und legte mich auf den Rücken. Der Polizist setzte mir den Stiefel auf die Brust. Ich bekam kaum Luft. Viel Zeit zum Nachdenken blieb mir nicht. Jemand rollte mich auf den Bauch, riss mir die Hände auf den Rücken. Klick. Die Handschellen schlossen sich. Ich wurde an den Armen hochgezogen und unsanft auf das Sofa gedrückt. Zentimeter für Zentimeter nahmen sie unsere Wohnung auseinander. Und alles, was ich konnte, war zusehen. Jetzt war er also da, der Moment, vor dem ich mich so lange gefürchtet hatte. Ich hatte zuvor schon viele schlimme Momente erlebt, doch dieser hier war anders. Die Angst schnürte mir die Kehle zu. Was passierte nun mit mir und Said, meinem Freund? Dealen war kein Kavaliersdelikt. Mussten wir ins Gefängnis? Womöglich für Jahre? Und wie zum Teufel war ich nur in diese Situation geraten?

Dieser Polizeieinsatz war ein Tiefpunkt in meinem Leben. Er fand am 4. Januar 2008 statt. Ich war damals dreiundzwanzig und seit vielen Jahren heroinsüchtig. Noch heute kann ich die Frage, warum ich so jung in die Drogen abgerutscht bin, nicht gänzlich beantworten. Inzwischen denke ich jedoch, dass dieses Leben für mich bestimmt war. Und dass ich all diese Erfahrungen machen musste, um zu dem Menschen zu werden, der ich heute bin.

Nein, meine Eltern waren keine Alkoholiker, und nein, ich bin nicht in ärmlichen oder prekären Verhältnissen aufgewachsen, und nein, ich war auch keiner Gewalt ausgesetzt. Im Gegenteil. Meine Kindheit war glücklich, sehr glücklich sogar. Ich kam im September 1984 in der Kleinstadt Naters im Oberwallis zur Welt, wohlbehütet inmitten von Bergen. Mein Vater arbeitete als Journalist und Wallis-Korrespondent für das Schweizer Radio SRF, vormals DRS. Meine Mutter war damals schon Künstlerin; sie malte zu Hause, vor allem in den Abendstunden, damit sie sich tagsüber um meine zwei Brüder und mich kümmern konnte. Meine Eltern waren zwar nicht reich, besaßen aber ein schönes Haus. Hier wuchs ich mit den beiden Geschwistern auf: Daniel ist vier Jahre älter als ich – und zwar auf den Tag genau! –, Leander zwei Jahre älter. Ich bin also das Nesthäkchen.

An meine Kindheit habe ich ausschließlich gute Erinnerungen. Unser Haus stand am Rand von Naters, etwas erhöht an einem Hang, sodass wir einen schönen Blick auf das Glishorn und den Simplon hatten. Wie auch auf die Stadt Brig, die vor fünfzig Jahren mit Glis fusioniert hat und mit Naters zusammengewachsen ist. In der Nähe unseres Hauses rauschte ein Wasserfall den Berg hinunter. Wenn im Sommer nachts mein Fenster offen stand, konnte ich ihn hören. Das hatte für mich etwas Beruhigendes.

Um das Haus herum lag ein großer Garten, in dem ich mit meinen Brüdern gern herumtobte. Es gab eine Ecke, in der meine Mutter Tomaten, Gurken und Salat zog. Den größten Teil des Gartens ließ sie aber bewusst verwildern, damit die Bienen und Schmetterlinge und all die anderen Tiere möglichst viel Nahrung fanden. Und so wuchs zwischen hohen Bäumen ganz viel durcheinander. Einer der Bäume war zudem völlig von Efeu umwachsen, sodass ich mich ein bisschen wie in einer Märchenwelt fühlte. Im hinteren Teil des Gartens stand ein Spielhaus aus Holz. Meine Eltern hatten es einst für meinen ältesten Bruder aufgebaut, es war also schon etwas in die Jahre gekommen. Außen blätterte die grüne Farbe langsam ab, und der Laden des kleinen Fensters hing schief. Drinnen konnte ich knapp aufrecht stehen, aber es stand ein Tischchen darin, an dem ich oft saß.

Ich weiß noch, dass ich ein Buch über Blumenkunde besaß. Damit spazierte ich im Frühling und Sommer oft durch den Garten und versuchte, die einzelnen Pflanzen zu bestimmen. Danach saß ich stundenlang in meinem Spielhaus am Tisch und malte die Blumen, die ich gefunden hatte, und schrieb feinsäuberlich deren Namen darunter. Meine Mutter hatte mir dafür einen Skizzenblock geschenkt. Besonders gut gelangen mir die Zeichnungen allerdings nicht, das künstlerische Talent meiner Mutter habe ich leider nicht geerbt. Aber ich fühlte mich wohl »bei der Arbeit« in meinem kleinen Spielhaus-»Büro«. Die Vorstellung, auch einen Ort zu haben wie mein Vater, der jeden Tag zum Arbeiten ins Büro ging, gefiel mir ausgesprochen gut.

Und dann gab es noch etwas Besonderes bei uns zu Hause: Wir hatten immer viele Katzen, meistens fünf oder sechs, denn meine Mutter liebte diese Tiere. Mein Vater tat zwar so, als könne er die Katzen nicht leiden. Doch ich glaube, dass das gar nicht stimmte, denn wenn er sich unbeobachtet fühlte, sprach er mit ihnen und ließ sie sogar auf seinem Schoß schlafen. Wenn eine Katze Junge bekam, war die Freude bei uns Kindern groß. Stundenlang umlagerten wir das Nest und schauten den kleinen Kätzchen zu, wie sie mit unsicheren Schritten herumtapsten. Mussten wir sie dann nach drei oder vier Monaten weitergeben, waren wir Kinder natürlich sehr traurig. Mein Vater vermutlich etwas weniger. Die meisten Möbel hatten Kratzspuren von oben bis unten, und die Kätzchen spielten sehr gern mit dem Sand aus dem Katzenklo, sodass er in der ganzen Wohnung verstreut herumlag. Trotzdem bin ich, wie meine Mutter heute noch, eine richtige Katzennärrin.

Das Leben war für mich also rundum perfekt. Ich fühlte mich behütet und umsorgt. Allerdings suchte ich damals schon die Stille. Ich war ein in sich gekehrtes Mädchen, versank oft in meiner eigenen Welt. Und war glücklich damit. Probleme gab es erst im Kindergarten.

Ein großer Wunsch und schräge Töne

Der Wahnsinn der Welt beginnt im kleinsten Kleinen
bereits mit den schwersten Herausforderungen.

Raymond Walden

Meine Eltern suchten für mich den Kindergarten in der
Nachbarstadt Brig-Glis aus. Dieser war halbprivat und viel
kleiner als der öffentliche Kindergarten in Naters. Und da
mein Vater sein Büro in Brig hatte, konnte er mich morgens
dorthin bringen. Für mich war der Kindergarten jedoch ein
Schock. Ich wurde aus meiner gewohnten Umgebung herausgerissen und musste den ganzen Tag mit Kindern, die mir
fremd waren, verbringen. Während sie sich miteinander anfreundeten und zusammen spielten, fand ich nur sehr schwer
Kontakt. Ich wusste einfach nicht, wie ich auf sie zugehen
sollte. Und wenn ein Kind auf mich zukam, war ich zu scheu,
um darauf reagieren zu können. Zudem war mir oft alles zu
laut und zu chaotisch. So spielte ich die meiste Zeit allein in
irgendeiner Ecke. Damals wusste ich noch nicht, wieso das
so war. Aber es machte mich irgendwie traurig. Die einzigen
zwei Freundinnen, die ich in diesem Alter hatte, waren zwei
Schwestern aus der Nachbarschaft. Wir kannten uns von

klein auf. Da sie aber den Kindergarten in Naters besuchten, verloren wir uns aus den Augen.

Als ich vom Kindergarten in die Grundschule wechselte, änderte sich mein Verhalten nicht. Wieder zog ich mich zurück und verbrachte in der Schule die meiste Zeit allein. Als Schülerin war ich eher mittelmäßig, nur im Fach Deutsch hatte ich gute Noten. Meine Mittelmäßigkeit lag vermutlich daran, dass ich oft vor mich hin träumte und zum Fenster hinausschaute, statt der Lehrperson zuzuhören – da draußen schien mir die Welt einfach viel friedlicher zu sein als im Klassenzimmer.

In dieser Zeit, ich war sieben Jahre alt, wurde ich das erste Mal richtig krank. Plötzlich bekam ich in der Schule hohes Fieber und musste mich übergeben – vor allen Kindern, ich weiß noch, dass mir das sehr peinlich war. Die Lehrerin vom angrenzenden Kindergarten fuhr mich in ihrem helllila Auto mit den dunkellila Punkten nach Hause. An das Auto kann ich mich noch gut erinnern, weil die Bemalung so gut zu ihrer fröhlichen Art passte. Als meine Eltern mich zum Arzt brachten, diagnostizierte der eine einfache Grippe. Doch es wurde nicht besser. Wieder zu Hause, stieg das Fieber auf über vierzig Grad Celsius. Und dann kam in der Nacht auch noch ein stechender Schmerz in der Brustgegend hinzu, dessen Heftigkeit mich schier überwältigte. Ich schrie vor Schmerzen und kollabierte fast, weil ich kaum Luft bekam. Meine Eltern brachten mich mitten in der Nacht ins Krankenhaus. Dort wurde beim Röntgen ein Schatten hinter meinem Herzen entdeckt: »versteckte Lungenentzündung« lautete, soweit ich mich erinnere, der medizinische Fachbegriff für diese atypische Lungenentzündung.

Ich verbrachte zehn Tage auf der Station an einem Tropf, der an einer riesigen Maschine hing. Diese piepte ständig,

während sie meine Vitalfunktionen und meine Sauerstoff-
sättigung überwachte. Das war die einzige schlimme Krankheit, die ich während meiner Kindheit und Jugendzeit bekam.
Einen Knochenbruch oder etwas Derartiges hatte ich nie. Dafür war ich wohl einfach zu vorsichtig und zu still.

An ein anderes Ereignis, das mir große Angst einjagte, erinnere ich mich ebenfalls noch genau. Es war im Herbst 1993,
zwei Tage nach meinem neunten Geburtstag. Tagelang hatte
es geregnet, und dann trat die Saltina über die Ufer, der Fluss,
der die beiden Stadtteile Brig und Glis trennt. Entwurzelte
Bäume und Geröll stauten an einer Brücke das Wasser, sodass
es nicht abfließen konnte und das ganz Stadtzentrum über-
schwemmte. Ich kam gerade aus der Schule und war auf dem
Heimweg. Als ich beim Bahnhof, dem tiefsten Punkt der Stadt,
die Straße überqueren wollte, stand das Wasser schon knie-
hoch. Es war braun gefärbt vom mitgeführten Schlamm. Komplett überfordert, war ich vor Angst wie gelähmt. Ich glaube,
ich verstand nicht einmal richtig, was gerade vor sich ging,
stand völlig bewegungsunfähig im Wasser, während es immer
höher stieg. Plötzlich packte mich eine Frau am Arm und zog
mich durch das Wasser auf die andere Seite des Bahnhofs, wo
das Gelände noch nicht überschwemmt war. Zu Hause angekommen, weinte ich noch immer; meine Mutter, die von der
Katastrophe noch nichts mitbekommen hatte, sah mich und
meine bis knapp unterhalb der Hüfte nassen und verdreckten
Hosen ungläubig an. Als ich ihr schluchzend erzählte, was
passiert war, rief sie umgehend meinen Vater an, der sein Büro
im Stadtzentrum hatte. Er bestätigte meine Geschichte und
schilderte ihr das Ausmaß der Überschwemmung.

Als einige Tage später das Wasser abgeflossen war, wurde
die ganze Zerstörung sichtbar. Die Räume zahlreicher Ge-

schäfte und Restaurants waren verwüstet. Auf dem Stadtplatz, dem Bahnhofplatz und den Straßen der Innenstadt lagen der Schlamm und der Schutt teilweise zwei Meter hoch. Mein Vater kam damals mehrere Tage nicht nach Hause. Er konnte sein Büro zwar verlassen, doch er musste rund um die Uhr arbeiten. Als Wallis-Korrespondent war er in dieser Zeit nicht nur beim Radio SRF ein gefragter Journalist, sondern auch bei zahlreichen TV-Sendern aus dem In- und Ausland. Für einen dieser Sender – ich glaube, es war das Schweizer Fernsehen – gab ich damals übrigens das erste Interview meines Lebens. Der Sender hatte ein Kind gesucht, das erzählen konnte, was es während der Überschwemmung erlebt hatte. Meine Mutter steckte mich also in meine schönsten Kleider, und ich schilderte am Ort des Geschehens, dem Bahnhof, ziemlich nervös, wie mir dort eine fremde Frau auf die andere Seite geholfen hatte.

Bald rückten Soldaten und der Zivilschutz an, um bei den Aufräumarbeiten zu helfen. Ich weiß nicht mehr genau, wie lange es dauerte, bis von der Überschwemmung nichts mehr zu sehen war, ein Jahr sicher. Etwas Gutes hatte die ganze Sache jedoch: Danach wurde das Stadtzentrum von Brig autofrei geplant, was nicht nur für die dort lebenden Menschen ein Gewinn ist, sondern auch für die vielen Touristinnen und Touristen.

In der Schule ging es derweil weiter wie bisher. Ich war viel zu unsicher, als dass es mir gelingen konnte, Kontakte zu knüpfen. Ich saß in den Pausen irgendwo allein in einer Ecke oder auf einer Bank, während die anderen Kinder Fußball spielten oder seilhüpften. Sie fragten mich manchmal, ob ich nicht mitmachen wolle. Ich wollte nicht. Und irgendwann gaben sie es auf. Vor kurzem fiel mir eines der Klassenfotos wieder in die Hände, die jedes Jahr gemacht wurden. Darauf stehe ich ganz am Rand, Kopf und Oberkörper in Richtung der Gruppe geneigt. Vermutlich dachte ich, dass es so weniger auffiele, wie abseits und allein ich stand.

Meine Eltern erzählten mir später einmal, dass sich die Lehrer damals wegen meiner Zurückgezogenheit Sorgen machten. Auch ich begann mir in dieser Zeit darüber Gedanken zu machen. Ich begriff allmählich, dass Alleinsein in unserer Gesellschaft nicht als normal angesehen wird. Und fragte mich, wieso ich so anders war als die anderen Kinder, ob etwas mit mir nicht stimmte. War ich vielleicht zu dumm oder nicht liebenswert? Diese Sorge hat mich lange Jahre begleitet. Dass ich hochsensibel war und unter einer Reizfilterschwäche litt, erfuhr ich erst viele Jahre später. Noch als Erwachsene zwang ich mich oft, überall mit dabei zu sein, und sagte nie Nein, wenn mir etwas zu viel wurde. Erst spät begriff ich, dass ich mich nicht schämen muss für mein Bedürfnis, genügend Zeit für mich allein zu haben.

Als ich mit zwölf Jahren die sechste Grundschulklasse besuchte, schloss ich dann aber doch eine erste Freundschaft: Es waren zwei Zwillingsmädchen, die zu uns in die Schule gewechselt hatten. Da sie neu waren, hatten auch sie noch keinen Anschluss in der Klasse. Obwohl es mich viel Überwindung kostete, die Mädchen anzusprechen, war der Wunsch, endlich wie die anderen zu sein, größer. Also nahm ich all meinen eigentlich nicht vorhandenen Mut zusammen. Und siehe da, es funktionierte. Die beiden wurden meine ersten richtigen Schulfreundinnen.

Die Eltern der beiden waren berufstätig und verdienten nicht schlecht. Sie wohnten in einer Attikawohnung am Rande von Brig, in die man nur gelangte, wenn man den Schlüssel für den Aufzug hatte. Und in der Wohnung gab es sogar einen kleinen Pool, groß genug, dass wir darin schwimmen konnten. Das alles beeindruckte mich sehr. Wir verbrachten fortan viel Zeit zusammen und gründeten sogar eine A-cappella-Girl-Popband. Gut gab es zu dieser Zeit noch keine Smartphones, mit denen man Aufnahmen und Videos machen konnte, so-dass es keine Zeugnisse unseres schrägen Gesangs gibt. Und ja, es machte mich tatsächlich glücklich: Endlich hatte ich Freundinnen, war nicht mehr das schüchterne Mädchen, das allein in der Ecke saß. Und weil sich die Zwillinge auch mit anderen Mädchen und Jungs in meiner Klasse anfreundeten, konnte ich mit ihrer Hilfe weitere Freundschaftsbande knüpfen. Am Ende der sechsten Klasse hatte ich für kurze Zeit sogar meinen ersten Freund. Doch es waren nur wenige Wochen, in denen wir Händchen hielten und scheu Küsse auf die Wangen austauschten.

Dann kam nach der sechsten Grundschulklasse der Wechsel in die höhere Schulstufe. Und die Zwillinge gingen in eine Privatschule in Naters. Ich wollte die so schwer gewonnenen Freundinnen auf keinen Fall verlieren und bat meine Eltern, mich statt in der öffentlichen Schule ebenfalls in der privaten anzumelden. Meine Eltern erfüllten mir diesen Wunsch, ge-holfen hat dabei sicher die Tatsache, dass meine Mutter dort Malen unterrichtete. Zudem lag die Schule keine zwei Geh-minuten von meinem Zuhause entfernt, was recht praktisch war. Und so besuchte ich gemeinsam mit meinen beiden Freundinnen in Naters das private Progymnasium.

Die Klassen an dieser Schule waren sehr klein, ich glaube, es waren jeweils nicht mehr als zehn Schülerinnen und Schü-ler, was meinem Bedürfnis nach weniger Lärm und Hektik sehr entsprach. Es lag sicher an den kleinen Klassen, dass ein gutes Gruppengefühl entstand. Außenseiter gab es keine. Ich fühlte

mich wohl in dieser Schule. Zum ersten Mal. Doch dann kamen kurz vor Ende des ersten Schuljahres zwei Hiobsbotschaf-
ten: Meine beiden Freundinnen zogen um, ans andere Ende
der Schweiz. Und weil sich noch zwei weitere Schülerinnen
von der Schule abmeldeten, wurde unsere Klasse geschlossen.
Mangels Alternativen musste ich nun doch an die öffentliche
Schule in Brig-Glis wechseln. Der Gedanke daran war für mich
kaum zu ertragen. Begann nun alles von vorn? Würde ich wieder die Außenseiterin sein?

»Das ist doch logisch, du Arschloch!«

Müsste ich das Leben der meisten Menschen in wenigen Worten zusammenfassen, käme dabei heraus: endloser Widerstand gegen das, was ist.

Paulo Coelho

1998 wechselte ich also nach dem Sommer in die zweite Sekundarstufe der öffentlichen Schule von Brig-Glis. Ich war nun fast vierzehn Jahre alt und hatte große Angst vor dem ersten Tag an der neuen Schule. Auf gar keinen Fall wollte ich wieder die Außenseiterin sein, und so begann ich, meine Angst und meine Unsicherheit zu überspielen. Die Taktik ging auf, ich freundete mich mit ein paar Mädchen an und entwickelte mich rasant zu einer kleinen Rebellin. Ich passte mich meiner neuen Clique an, trug die angesagten Klamotten, begann, Alkohol zu trinken und zu rauchen. So wurde aus dem braven kleinen Mädchen eine taffe Jugendliche.

In der Clique waren wir alle im selben Alter. Wir trieben uns gegenseitig an, und aus Angst vor erneuter Ablehnung wäre es mir nie in den Sinn gekommen, nicht mitzumachen. Im Gegenteil. Zu rauchen und zu trinken, gab mir damals das

Gefühl, endlich dazuzugehören, Teil einer Gruppe zu sein. Bereits vor Schulbeginn trafen wir uns, um bei einer kleinen Kapelle in der Nähe der Schule die ersten Zigaretten des Tages zu rauchen. Und in den Pausen schlichen wir vom Schulhof, um versteckt hinter Büschen weiterzurauchen. Nach der Schule hingen wir oft mit älteren Freunden im Pub ab und tranken Alkohol. Und obwohl wir mit unseren vierzehn Jahren noch viel zu jung dafür waren, warf uns niemand raus. Damals sah man das wohl noch nicht so streng. Oder der Wirt war tatsächlich schlecht darin, unser Alter einzuschätzen.

Es ging nun Schlag auf Schlag, innerhalb von nicht einmal zwei Jahren geriet meine Welt völlig aus den Fugen, ohne dass ich es zunächst bemerkte. Ich kam in Kontakt mit Drogen. In der Clique rauchten wir zwar zunächst nur Gras, also Cannabis – das allerdings in Unmengen. Ich weiß noch, wie nervös ich vor meinem ersten Joint war. Schließlich hatte ich keine Ahnung, wie Cannabis wirkt. So traute ich mich beim ersten Mal nur, ein paar wenige Züge zu nehmen. Die Wirkung war dementsprechend schwach – was mir die Angst vor dem nächsten Joint nahm. Das Gras erhielten wir von unseren älteren Freunden. Sie waren so zwischen siebzehn und fünfundzwanzig Jahre alt. Wie wir sie kennen lernten, weiß ich nicht mehr, vermutlich war eine aus unserer Clique bereits mit ihnen befreundet, als ich dazustieß. Einer der Typen hatte schon eine eigene Wohnung, andere befanden sich noch in Ausbildung und lebten bei den Eltern.

Wir hingen die meiste Zeit bei dem Freund ab, der allein lebte. Sein Appartement befand sich in einem Hochhaus in Naters und bot genügend Platz für uns alle. Wenn wir bekifft waren, bekamen wir Heißhungerattacken und verschlangen alles, was wir an Essbarem fanden. Und wir lachten uns wegen

Kleinigkeiten fast tot. Das alles schweißte uns zusammen. Wir fühlten uns erwachsener, taffer und rebellischer als die anderen Jugendlichen in unserem Alter und irgendwie als etwas Besonderes. Von heute aus betrachtet, war das ziemlich bescheuert. Aber gemeinsame Erfahrungen verbinden eben und in diesem speziellen Alter, in dem man sich langsam von seinen Eltern abnabelt und zu einer eigenständigen Persönlichkeit wird, wohl noch mehr. Meine Clique stand bald an erster Stelle in meinem Leben. Wir rauchten zusammen, tranken zusammen, kifften und lachten zusammen. Fast jeden Tag. Leider blieb es nicht beim Kiffen.

Die Rebellin in mir wurde in dieser Zeit immer größer. So musste ich beispielsweise unbedingt ein Tattoo haben. Das Motiv – ein Kreuz, um das sich eine Schlange windet – hatte dabei keine tiefere Bedeutung. Ich wollte einfach nur ein Tattoo. Das Tätowier-Geschäft in der Kantonshauptstadt Sion – in Brig gab es damals noch keines – verlangte die Einwilligung der Eltern, was diese zuerst verweigerten. Doch ich drohte damit, es dann eben ohne ihre Einwilligung irgendwo von irgendwem stechen zu lassen. Dann doch lieber in einer sauberen Umgebung, dachten sie vermutlich und willigten ein. Wahrscheinlich hatten sie auch einfach genug von meinen ewigen Nörgeleien. Zudem war es leider so, dass ich damals sehr aggressiv reagierte, wenn sie mir nicht gaben, was ich wollte. Kein Wunder, wurde das Verhältnis zu meinen Eltern in dieser Zeit immer schwieriger. Natürlich bemerkten sie meine Veränderung. Fragten mich immer wieder, was mit mir los sei. Doch meine Antworten waren patzig und respektlos. Und vor allem entsprachen sie nicht der Wahrheit, denn natürlich erzählte ich ihnen nichts von den Drogen. Ich machte immer öfter, was ich wollte, kam beispielsweise nicht mehr zur vereinbarten

Zeit nach Hause. In meinen Augen war ich schon erwachsen und absolut dazu berechtigt, mein eigenes Ding durchzuziehen. Und hatte damit ja auch den von mir erwünschten Erfolg: Ich war keine Außenseiterin mehr!

Bald schon probierte ich Ecstasy aus. Woher ich es hatte, weiß ich nicht mehr. Es war aber ohnehin nie schwer, an Drogen zu kommen. Damals war mir nicht klar, wohin das alles führen konnte. Ich weiß aber noch, dass ich – wie bei meinem ersten Joint – auch Angst vor der ersten Ecstasy-Pille hatte. Diese Droge wirkt stark bewusstseinsverändernd. Man bildet sich im Rausch Dinge ein, und es lässt sich nur schwer einschätzen, was Realität und was Halluzination ist. Bei meinem ersten Mal glaubte ich, dass meine Lippen bluteten, was sie aber nicht taten. Um das eingebildete Blut zu überdecken, trug ich immer wieder hellen Abdeckstift auf meine Lippen auf, Schicht für Schicht. Das sah ziemlich grotesk aus, was ich allerdings erst bemerkte, als der Rausch verflogen war.

Ich erinnere mich auch noch vage an ein zweites erstes Mal. Das war auf einem Festival in der Westschweiz. Eigentlich hatten mir meine Eltern verboten, dorthin zu fahren, aber das kümmerte mich nicht. An diesem Tag nahm ich das erste Mal mit einem Freund LSD. Das war eine krasse Erfahrung. Die Musik fuhr mir je länger, je schräger ein. Es war fast wie in einem Horrorfilm. Die Gesichter der Menschen um mich herum verzogen sich zu merkwürdigen Fratzen. Stundenlang saß ich in diesem Zustand mit dem Freund in einer Ecke – und war unendlich froh, als der Trip endlich vorbei war. Von da an wusste ich, dass LSD nichts für mich ist. Ich habe es nie mehr genommen. Auch Ecstasy ließ ich nach ein paar wenigen Versuchen wieder sein. Ich ertrug den halluzinativen Zustand nicht, den diese Drogen auslösen.

Mein Cannabiskonsum blieb dagegen hoch. Die Leistungen in der Schule wurden deshalb immer schwächer. Hausaufgaben erledigte ich kaum mehr, und im Unterricht konnte ich mich nur noch schwer konzentrieren – was auch daran lag, dass ich oft schon vor der Schule den ersten Joint rauchte. Ganz grundsätzlich hatte ich aber auch einfach keine Lust mehr auf Schule. Das gehörte schließlich zu meinem neuen Selbstbild. Oder hast du schon mal einen aufmüpfigen Teenager gesehen, der brav in der ersten Reihe sitzt und fleißig lernt? So kam es, dass ich das Schuljahr in der Sekundarstufe nicht bestand. Ich wechselte für mein letztes obligatorisches Schuljahr in eine Realklasse. Denn ansonsten hätte ich die Klasse in der Sekundarstufe wiederholen müssen. Und das wollte ich nicht. Meine Eltern waren enttäuscht.

Und dann, eines Tages Anfang Februar 2000 – ich war inzwischen fünfzehn Jahre alt – führte mich die Polizei direkt aus dem Schulzimmer heraus ab. Ich erinnere mich, dass mir das überhaupt nicht peinlich war. Im Gegenteil. Das passte zu meiner Rolle als Rebellin. Ich gab mich stolz, innerlich aber jagte mir die Verhaftung dann doch einen ziemlichen Schrecken ein, ich hatte Angst. Was ich mir natürlich nicht anmerken ließ.

Hintergrund des Polizeieinsatzes war, dass ich ein paar Tage zuvor mit einem älteren Freund in einer Kirche in Brig Schutz vor der Kälte gesucht hatte, um in Ruhe zu kiffen. Doch dann war uns nichts Besseres in den Sinn gekommen, als einige Bibeln ins Weihwasser zu werfen und Satanszeichen und andere Kritzeleien auf dem Altar zu hinterlassen. Gedacht hatten wir uns nicht viel dabei. Es geschah im Cannabisrausch, aus Langeweile und jugendlichem Leichtsinn. Zwei Tage später stand ein Artikel in der Tageszeitung, in dem der Pfarrer erklärte, wie traurig er darüber sei. Heute ist mir das unendlich peinlich, doch leider kann ich es nicht ungeschehen machen. Am nächsten Tag erzählte ich die Geschichte in der Schule herum, um damit anzugeben, ich wollte allen zeigen, dass ich vor nichts mehr haltmachte. Und so kam es, dass ich auf dem Polizeiposten landete und verhört wurde.

Der Zufall wollte es, dass unser Direktor einen Tag zuvor die Polizei über den Umlauf von Drogen an seiner Schule unterrichtet hatte. Natürlich fragten sie mich auch danach. Meine Antworten waren jedoch mehr als frech. Die Polizisten müssen sich ziemlich über mich geärgert haben. Und ehrlich gesagt war ich selbst schockiert, als ich für dieses Buch die alten Akten verlangt und eingesehen habe. Es fiel mir nicht leicht, zu lesen, was ich damals von mir gegeben hatte, zudem versetzte es mich schlagartig in meine Jugend zurück, was mir fast den Boden unter den Füßen wegzog. Danach musste ich mich regelrecht ins Hier und Jetzt zurückkämpfen.

Die Antworten aus dem Einvernahmeprotokoll vom 7. Februar 2000 möchte ich dir nicht vorenthalten, meine damalige Kaltschnäuzigkeit macht selbst mich sprachlos. Deshalb hier einige Auszüge, bei denen es zunächst um »die Störung der Glaubens- und Kultusfreiheit« ging, also um die Bibeln im Weihwasser und die Altarschmierereien, und danach um den Drogenkonsum:

»Weshalb taten Sie das?«
»Ich habe das getan, um zu provozieren.«
»Sind Sie nicht getauft und glauben Sie nicht an Gott?«
»Doch, ich bin getauft, glaube aber nicht an Gott.«
»Somit auch nicht an den Teufel?«
»Da es nur Schlechtes auf der Welt gibt, muss der Teufel wohl existieren.«

»Geht es Ihnen schlecht?«

»Ja, mir geht es schlecht. Ich hasse das Land und die Leute. Mir wird es nie gut gehen.«

»Wissen Sie, dass Ihr Tun gegen das Gesetz verstößt?«

»Ja, das ist mir voll bewusst.«

»Des Weiteren werden Sie im Rahmen der gerichtlichen Voruntersuchung wegen Widerhandlung gegen das Bundesgesetz über die Betäubungsmittel als Beschuldigte einvernommen. Wie stellen Sie sich dazu?«

»Was soll ich schon sagen? Ich habe nichts dazu zu sagen.«

»Konsumieren Sie Betäubungsmittel?«

»Ja.«

»In Ihrer Schultasche befand sich eine Brieftasche mit der Aufschrift: ›Hitler ist tot. Kohl ist krank. Es verrecke der Nazi. Es lebe der Punk.‹ In der Brieftasche befand sich ein leerer Minigrip-Beutel. Was hat sich in dem Minigrip befunden?«

»Es ist euer Job. Findet es doch heraus.«

»In Ihrer Brieftasche befanden sich auch abgerissene Bahntickets. Wozu dienen diese?«

»Ich sammle sie einfach so.«

»Dienten diese Zettel zusammengerollt als Filter für Joints?«

»Ja schon. Das ist doch logisch, du Arschloch.«

»Beziehen Sie die Drogen bei Freunden?«

»Nein.«

»Von wie vielen Leuten beziehen Sie Drogen?«

»Von vielen.«

»Meinen Sie mit vielen zwei oder mehrere?«

»Ich weiß doch nicht wie viele. Es waren ziemlich ein paar.«

»Haben Sie bereits Heroin konsumiert?«

»Nein.«

»Wie stellen Sie sich Ihre Zukunft vor?«

»*Die Schule scheißt mich an. Meine Zukunft stelle ich mir so vor, dass ich irgendwo in Deutschland auf der Gasse lebe und schnorre. Ich will auf der Straße leben, weil man da machen kann, was man will.*«

Ziemlich hart, oder? Vor allem, wenn man bedenkt, wie jung ich war. Nach der Befragung blieb ich für drei Tage in Untersuchungshaft. Das war für mich ein ziemlicher Schock. Denn eigentlich dachte ich in meiner jugendlichen Naivität, dass ich nach der Befragung den Polizeiposten einfach wieder verlassen könnte. Meine Eltern erfuhren umgehend von meiner Verhaftung, denn die Polizei stand kurze Zeit später mit einem Hausdurchsuchungsbefehl vor ihrer Tür, um in meinem Kinderzimmer nach Drogen zu suchen. Doch außer ein paar typischen Utensilien – zum Beispiel weiteren leeren Minigrips, in denen ich normalerweise das Cannabis aufbewahrte, und ein paar Blatt Papier, auf denen ich den Tabak mit dem Cannabis mischte und die somit noch Restspuren davon aufwiesen – konnten sie nichts finden.

In den drei Tagen U-Haft vertrieb ich mir die Zeit mit der Bibel. Es war das einzige Buch in der Zelle, und die Polizei wollte mir kein anderes geben. Ich denke, das war Absicht, immerhin hatte ich einige Bibeln ins Weihwasser geworfen. Ich fühlte mich sehr einsam in der Haft. Meine Zelle lag in Richtung Schulhof. Und so stand ich am Fenster, wenn meine Freundinnen und Freunde sich in der Pause verdrückten, um heimlich zu rauchen. Das verstärkte mein Gefühl des Alleinseins noch. Und klar hatte ich auch Angst. Welches fünfzehnjährige Mädchen hätte keine Angst, wenn es in Haft sitzt? Auch wenn ich nach außen hin die Taffe und Unantastbare spielte, war ich sehr verunsichert. Innerlich war ich immer noch das kleine zerbrechliche, überforderte Mädchen, das keine Freunde hatte. Mit meinem rebellischen Auftreten wollte ich die Welt und vor allem mich selbst vom Gegenteil überzeugen.

Als ich nach drei Tagen entlassen wurde, war ich einfach nur froh. Danach tätowierte ich mir sofort die drei berühmten Affen zwischen Daumen und Zeigefinger. Nicht in ihrer ganzen Größe selbstverständlich, sondern als drei einfache Punkte. Sie besagen: Ich höre nichts, ich sehe nichts und ich sage nichts. Viele Menschen, die schon mal im Gefängnis saßen, tragen diese drei Punkte auf der Hand. Alle sollten sehen, dass ich in U-Haft gesessen war. Außerdem rasierte ich mir die Haare zu einem Irokesenschnitt und färbte sie lila. Damit demonstrierte ich für alle sichtbar meine Zugehörigkeit zur Punkszene. Politische Gründe standen noch nicht wirklich dahinter, obwohl mir Werte wie Solidarität, soziale Gerechtigkeit und Auftreten gegen Fremdenfeindlichkeit schon damals wichtig waren. In erster Linie wollte ich aber schockieren, mich von der, wie ich fand, spießigen Gesellschaft abgrenzen, allem voran aber war es wohl meine eigene innere Zerrissenheit, die ich damit nach außen tragen wollte.

Meine Eltern hatten natürlich keine Freude an meiner radikalen Veränderung. Doch was konnten sie schon dagegen tun, ich hatte mein Vorhaben ja nicht angekündigt. Dafür meldeten sie mich bei einem Psychiater an. Sie waren mit der Situation überfordert und suchten sich Hilfe, denn ein Gedanke war damals schon, dass sie ihr Kind niemals aufgeben würden. Mit der U-Haft war die ganze Sache aber noch nicht erledigt. Einige Wochen später würde ich mich vor dem Jugendrichter verantworten müssen.

Diese heimtückischen Glücksmomente

Immer versucht. Immer gescheitert. Einerlei.
Wieder versuchen. Wieder scheitern. Besser scheitern.

Samuel Beckett

Ob ich nicht doch schon vor der Untersuchungshaft Heroin genommen hatte, wie im Polizeiprotokoll angegeben, weiß ich heute nicht mehr. Ganz sicher fand das erste Mal jedoch in einer öffentlichen Toilette in Brig statt. Sie war mit Blaulicht ausgestattet, was verhindern sollte, dass Süchtige sich hier Drogen spritzten. Denn durch das blaue Licht lassen sich die Venen nicht gut erkennen. Ein Freund, der schon seine ersten Erfahrungen mit harten Drogen gemacht hatte, brachte mir das Heroin aus Bern mit. Wir spritzten es allerdings nicht, sondern zogen es durch die Nase hoch. Nach einigen Minuten hätte ich die ganze Welt umarmen können. Das Gefühl, das diese Droge auslöst, kann ich kaum in Worte fassen. Die Sonne scheint plötzlich wärmer, das Gras wirkt grüner, und in dir herrscht pure Glückseligkeit. All meine Selbstzweifel verschwanden. Von dem Sturm in meinem Kopf, der Reizüberflutung, spürte ich in dem Moment nichts mehr. Ich fühlte mich wie in Watte gepackt. Es war eine Art Flucht. Eine

Flucht vor mir selbst und all dem, mit dem ich an mir nicht klarkam. Allerdings mussten wir uns auch mehrmals übergeben, was bei Heroinkonsum anfangs ganz normal ist. Deshalb tranken wir auch literweise Eistee, den wir ebenfalls gleich an der nächsten Straßenecke wieder erbrachen. Doch das machte uns nichts aus, auch nicht, dass uns andere Menschen dabei beobachteten. Solange die Glücksgefühle durch unseren Körper schossen, war uns alles andere egal.

Und genau das ist das Heimtückische an der Droge. Dieses Hochgefühl treibt dich dazu, immer wieder zum Heroin zu greifen. So lange, bis du körperlich abhängig bist. Dann verschwinden die Glücksgefühle, und du brauchst das Heroin einzig und allein, um dich normal zu fühlen und in keinen Entzug zu geraten. Da ich das Heroin zu Beginn noch nicht täglich nahm, sondern im Abstand von ein paar Tagen, manchmal auch Wochen, dauerte es seine Zeit, bis ich körperlich abhängig wurde. Rückblickend weiß ich: Die geistige Abhängigkeit war schon nach dem ersten Konsum eingetreten. Einfach deshalb, weil ich dieses Gefühl immer wieder erleben wollte. Übrigens denke ich, dass eine große Anzahl süchtiger Personen mit ähnlichen Problemen wie ich zu kämpfen haben: dass sie sehr sensibel sind und deshalb in dieser Welt nur schlecht zurechtkommen und ihren Platz in der Gesellschaft nur schwer finden können.

Nachdem mir der Freund einige Wochen lang mehrmals Heroin mitgebracht hatte, begann ich irgendwann, an den Wochenenden selbst nach Bern zu fahren. Dort bekam ich die Drogen entweder im Kleine-Schanze-Park, vor der Fixerstube an der Nägeligasse oder irgendwo auf der Straße. Doch das kostete Geld, und es gibt nicht viele Wege, wie sich ein junges Mädchen das beschaffen kann. Da ich zu dieser Zeit noch nicht jeden Tag konsumierte, brauchte ich zwar noch nicht so viel, doch zwanzig bis sechzig Franken kostete ein Heroinrausch trotzdem. Hinzu kam das Zugticket nach Bern. So viel Taschengeld hatte ich nicht. Also bettelte ich auf den Straßen in Bern (was mir nicht mal besonders peinlich war), oder ich stahl das Geld meinen Eltern. Je öfter ich konsumierte, desto schwerer wurde es aber, die Summe, die ich brauchte, zu beschaffen. Eines Tages erfuhr ich von anderen Süchtigen vom sogenannten Babystrich in Bern. Dieser befand sich ebenfalls auf der Kleinen Schanze, in der Nähe des Bundeshauses. Hier suchten sich erwachsene Männer junge Mädchen zum Sex aus. In wenigen Minuten ließen sich so hundert Franken verdienen. Ich war noch keine sechzehn, als ich das erste Mal dorthin ging. In meiner jugendlichen Naivität konnte ich mir in dem Moment nicht vorstellen, was das mit mir machen würde.

Allzu lange musste ich damals nicht warten, bis mich ein Mann ansprach. Ich war erstaunt, dass dieser Mann so jung war, vielleicht Mitte zwanzig. Vor meinem ersten Mal auf dem Strich war ich der Meinung gewesen, dass nur dicke alte Männer hier Frauen für Sex suchten. Er nahm mich mit zu einer Toilette in der Nähe. Da ich zu diesem Zeitpunkt noch kaum sexuelle Erfahrungen gesammelt hatte, wusste ich nicht wirklich, was zu tun war. Der Mann wies mich an, ihm einen runterzuholen. Technisch habe ich das wahrscheinlich nicht sonderlich gut ausgeführt, doch der Mann kam trotzdem. Vermutlich vor allem, weil er es geil fand, ein so junges Mädchen auf dem Schoß zu haben.

Viel schlimmer war es, wenn die Männer richtigen Sex mit mir wollten und in mich eindrangen. Ich lag dann verkrampft da, biss die Zähne zusammen und ließ den Akt über mich ergehen. Ich empfand dabei Ekel, Scham und Angst. Ich ekelte mich vor den Männern, die überwiegend mehr als vierzig Jahre älter waren als ich, und ekelte mich vor mir selbst. Ich fühlte mich benutzt. Dreckig. Und war angewidert. Damals zerbrach meine noch so junge Seele. Wie eine Glasscheibe, die in tausend kleine Stücke zerbirst. Es ließ mich innerlich kalt und dem Leben gegenüber gleichgültig werden. Ich baute eine hohe Mauer um mich herum, ließ nichts mehr an mich herankommen. Ohne diese Schutzreaktion hätte ich die Tatsache, dass ich meinen Körper verkaufte, und das ganze Drumherum einschließlich der Sucht selbst wohl nicht überstanden.

Als ich im April 2000, zwei Monate nach meiner Untersuchungshaft, vor dem Jugendrichter in Visp erscheinen musste, hätte ich eigentlich Angst verspüren müssen. Derartige Gefühle waren zu dem Zeitpunkt aber bereits tief in mir verborgen. Die zwei Anklagepunkte lauteten: Störung der Kultus- und Glaubensfreiheit sowie Verstoß gegen das Betäubungsmittelgesetz. Natürlich beteuerte ich vor dem Jugendrichter, dass es mir leidtue und dass es mir inzwischen besser gehe; ich sagte auch, dass ich nach der Schule einen Ausbildungsplatz suchen würde und nicht mehr auf der Straße leben wolle, wie ich es gegenüber der Polizei angegeben hatte. Wie sehr diese Worte von der Realität abwichen, ahnte damals niemand. Ich war einfach gut darin, mich zu verstellen, und wusste, was man von mir hören wollte. Auf gut Deutsch: Um zu verhindern, dass ich eine Strafe aufgebrummt bekam, log ich, dass sich die Balken bogen. Als mich der Jugendrichter zum Beispiel fragte, was sich seit der polizeilichen Intervention vor zwei Monaten bei mir verändert habe, behauptete ich, dass ich keinerlei Drogen mehr nähme und dass es in der Schule und zu Hause auch besser laufe – was meine Eltern wirklich glaubten, da ich mich auch ihnen gegenüber ständig verstellte und einfach sagte und tat, was sie von mir erwarteten. Außerdem sei ich – wenigstens das stimmte – bei einem Psychiater in Therapie. Ich bot damals sogar an, eine Drogenberatung aufzusuchen. Der Jugendrichter schien das alles aber nicht so wirklich geglaubt zu haben, denn am Ende der Verhandlung verfügte er, dass ich nach drei Monaten erneut vor Gericht zu erscheinen hatte.

In jenem Frühjahr schloss ich die obligatorische Schule tatsächlich ab, die Noten reichten zwar nur knapp, aber sie reichten. Kurze Zeit später nahm mich meine Mutter dann für ein paar Tage mit nach Barcelona, da sie dort in einer Galerie ihre Gemälde ausstellte. Sie und mein Vater dachten zu der Zeit, dass die Ansprache des Jugendrichters und die Psychotherapie Wirkung zeigten und ich keine Drogen mehr nahm. Und natürlich waren sie auch sehr froh, dass ich die Schule abgeschlossen hatte, auch wenn weder ein Praktikum noch eine Ausbildung in Aussicht stand.

Wir fuhren mit dem Nachtzug nach Barcelona und vertrieben uns die Zeit an der Bar. Meine Mutter und ihre Punktochter gemeinsam beim Bier – für den Barmann waren wir sicher ein eigenartiges Gespann. Einen der ersten Nachmittage in Barcelona wollte ich unbedingt allein in der Stadt verbringen. Mir fiel nichts Besseres ein, als in dieser Millionenmetropole auf die Suche nach Drogen zu gehen. Ich streifte umher, bis ich in ein Quartier mit dunklen, engen Gassen kam, wo die Drogensüchtigen auf dem Boden saßen und in aller Öffentlichkeit konsumierten. Ich fragte einen Mann, ob er mir Heroin besorgen könne. Als er bejahte, ging ich mit ihm mit. Nein, nicht einfach nur ums nächste Eck. Wir stiegen in einen Bus und fuhren aus der Stadt hinaus in ein Ghetto. Ich weiß nicht mehr, wie lange die Fahrt dauerte, und erst recht nicht, was ich mir dabei gedacht hatte. Inmitten von Blechhütten kamen wir schließlich an einen Kiosk. Dort bestellte er Heroin für uns. Kein Scherz. So etwas hatte ich zuvor noch nie gesehen und auch danach nie mehr. Zwischen den Süßigkeiten zog der Kioskbetreiber einen Minigrip-Beutel mit Heroin hervor. Ich bezahlte und fuhr danach allein zurück in die Stadt. Wenn ich heute daran denke, bekomme ich Gänsehaut. Es hätte wer weiß was passieren können. Abends ging ich dann mit meiner Mutter in eine Disco. Sie tanzte schon immer gern. Danach erkundeten wir noch einige Tage Barcelona. Von meinem Ausflug in die Drogenwelt erfuhr sie nichts.

Zu Hause dauerte es allerdings nicht lange, bis ich mein Leben definitiv nicht mehr im Griff hatte. In jenem Frühsommer verbrachte ich die meiste Zeit mit Freunden auf der Straße, im Park und in den Bars von Brig. Manchmal war ich auch mit befreundeten Punks unterwegs, wir feierten zusammen oder legten uns mit den Rechtsradikalen der Region an. Meistens liefen diese Auseinandersetzungen nur verbal ab, das eine oder andere Mal kassierte ich aber auch Schläge. Meine Freundinnen und Freunde, die nur Alkohol tranken oder Cannabis rauchten, machten mir damals wegen meines hohen Drogenkonsums oft Vorwürfe. Zu Herzen nahm ich mir das leider nicht. Immer öfter hing ich mit zwei Männern ab, die ebenfalls Heroin konsumierten und mit denen ich dann auch zu Kokain griff. Es war eine etwas eigenartige Freundschaft, denn sie waren gut zwanzig Jahre älter als ich.

In dieser Zeit hatte ich zum ersten Mal in meinem Leben Entzugserscheinungen. Das war zu Hause in meinem Kinderzimmer. Zum Glück konnte ich sofort los und mir Heroin beschaffen, denn die durch den Entzug ausgelösten Schmerzen können unerträglich werden. Es ist schwer, das zu beschreiben. Es beginnt einige Stunden nach dem letzten Konsum zunächst harmlos mit Gähnen und tränenden Augen und steigert sich im Laufe weiterer Stunden zu Schweißausbrüchen und Schüttelfrost, die sich abwechseln. Darauf folgt eine starke innere Unruhe, die sich anfühlt, als ob dir jemand die Brust aufreißt, sodass du dich schreiend hin- und herwälzt. Am Schluss kommen die Gliederschmerzen. Jeder einzelne Knochen, jeder Muskel sendet Schmerzsignale aus, und du verspürst Schmerzen an Stellen in deinem Körper, von denen du zuvor nicht mal wusstest, dass sie existieren. Genauso wird jegliche Berührung unerträglich. Dieser Zustand lässt sich kaum in Worte fassen. Die medizinische Erklärung für diese körperliche Reaktion ist dagegen einfach: Heroin ist wie Morphin eines der stärksten Schmerzmittel der Welt. Beides wird aus der gleichen Pflanze, dem Schlafmohn, gewonnen. Die Schmerzrezeptoren im Körper gewöhnen sich an die Dauerbetäubung. Fehlt diese plötzlich, kommt es zur Überreaktion: Sie feuern willkürlich Schmerzsignale ab. Die Symptome bleiben über mehrere Tage bestehen und sind so schrecklich, dass man sie keinem Menschen, nicht einmal seinem ärgsten Feind wünschen würde. Einen kalten Entzug stehen deshalb die wenigsten durch. Meist geben sie dem inneren Drang nach und wählen den schnellsten Weg, um diese Pein zu beenden: sich neues Heroin beschaffen.

Vielleicht ist dir beim Lesen meiner Geschichte bereits das Buch von Christiane F. »Wir Kinder vom Bahnhof Zoo« in den Sinn gekommen, das 1981 verfilmt wurde. Und ja, es gibt einige Parallelen zwischen ihrer und meiner Geschichte, nicht nur, weil auch sie sehr jung in die Drogen abgerutscht und auf dem Babystrich gelandet ist. Ich hatte den Film mehrmals gesehen. Soweit ich mich erinnere, schauten wir ihn sogar im Schulunterricht an. Zur Abschreckung. Stattdessen hatte er bei mir leider die gegenteilige Wirkung. Er wurde eine Art Anleitung für mich: Christianes Leben faszinierte mich, ich verband damit Freiheit und Abenteuer. Ich wollte extrem sein wie Christiane und mir von niemandem etwas sagen lassen. Ich könnte mir vorstellen, dass der Film auf den einen oder die andere Jugendliche genauso wirkte.

Unlust pur

Die Fehler gehören zum Leben wie der Schatten zum Licht.

Ernst Jünger

Die drei Monate bis zu meinem nächsten Gerichtstermin vergingen schnell. Er fand im Juni 2000 statt. Noch immer konnte ich die Realität gut vor allen verstecken. Die Drogen hinterließen noch keine sichtbaren Spuren, und wenn ich nach Bern fuhr, um Heroin zu besorgen, gab ich an, eine Freundin zu besuchen. Ich hatte sogar für ein paar Tage ein Institut für Berufs- und Lebensgestaltung in Zürich besucht, das meine Eltern für mich gefunden hatten. Dort boten sie Hilfestellungen bei der Berufsfindung an, was eng mit einer Persönlichkeitseinschätzung verbunden war. Als ich vor kurzem bei der Durchsicht meiner Akten das Schreiben des psychologischen Experten wiederentdeckte, war ich wirklich erstaunt, wie treffend er mich damals nach der kurzen Zeit beurteilte.

»Während der Beratung habe ich Silvia als eine äußerst sensitive, empfindsame und damit auch verletzliche junge Frau kennen gelernt«, schrieb er und diagnostizierte, dass meine Aufnahmebereitschaft derzeit ausgeprägter sei als meine seelische Widerstandskraft: »Einem Seismografen gleich, nimmt sie mit ihren feinen Sinnen alles wahr, was in ihrer Umgebung vor sich geht.« Da ich bis dahin aber weder meine Identität gefunden noch ein sicheres Selbstwertgefühl entwickelt hätte, sei die Beeinflussbarkeit sehr viel höher als die effektive seelische Belastbarkeit. Alltagsanforderungen empfände ich sehr schnell als Belastung, und ich ließe mich von Schwierigkeiten sehr schnell und nachhaltig beeindrucken. »Äußerlich«, fuhr er fort, »zeigt sie zwar Dynamik und Stärke, die sie aber innerlich nicht besitzt.« Außerdem sei bei mir eine stark suchende Unruhe spürbar, wegen der ich mich momentan weder festlegen noch für etwas entscheiden könne, weshalb ich häufig »sprunghaft, unberechenbar und wankelmütig« reagieren würde. »Vielleicht«, schrieb er weiter, »vermeidet sie schulische Erfolge oder berufliche Aktivitäten aus Angst, diese nicht konstruktiv bewältigen zu können und Misserfolge einstecken zu müssen. Sie befürchtet, in sozialen Situationen kritisiert oder abgelehnt zu werden. Bei ihr sind zurzeit Gefühle der Unsicherheit und der Unzulänglichkeit sowie eine soziale Unbeholfenheit spürbar. Aus diesem Grund fühlt sie sich anderen gegenüber unterlegen, und es bleibt ihr nichts anderes übrig, als in die Oppositionshaltung zu gehen.«

Dieses Schreiben ging damals auch an den Jugendrichter. Der psychologische Experte empfahl darin für mich eine Ausbildung entweder im Gartenbau oder mit Tieren und schlug einen einjährigen Sprachaufenthalt im Ausland vor, damit ich Distanz zu meinem Umfeld gewinnen könne. Das wäre vermutlich gar keine so schlechte Idee gewesen, aber ich wollte einfach nicht, wollte nicht weg aus meinem Freundeskreis.

An jenem Tag berichtete ich dem Jugendrichter unter anderem, dass ich demnächst ein Schnupperpraktikum in einem Hotel in Saas-Fee anfangen würde. Erneut verzichtete er auf eine Bestrafung, denn es sei, so steht es in den Akten, »zum jetzigen Zeitpunkt nicht mit Sicherheit zu beantworten, ob Silvia eine Hilfsmaßnahme oder eine Strafe braucht. Der Entscheid über diese Frage ist deshalb aufzuschieben.« Er verordnete eine Bewährungszeit von vierzehn Monaten, danach sollte ich wieder vor Gericht erscheinen. Bis zu dem Zeitpunkt, also bis im August 2001, musste ich zudem einen regelmäßigen und geordneten Wohn- und Aufenthaltsort nachweisen, einer regelmäßigen Beschäftigung nachgehen und den Kontakt zur Familie aufrechterhalten.

Das Schnupperpraktikum in Saas-Fee trat ich eine Woche später – es muss Mitte Sommer gewesen sein – tatsächlich an. Mit im Gepäck: Gras und Heroin. Im Hotel musste ich morgens das Frühstücksbuffet betreuen, danach die Zimmer reinigen und noch weitere Kleinigkeiten erledigen, die eine Praktikantin halt so auferlegt bekommt. Auf meine Aufgaben konnte ich mich aber nur schwer konzentrieren, da ich auch während der Arbeitszeit Drogen konsumierte. Meine Unlust und mein Widerwillen waren kaum zu übersehen. Und so war es kein Wunder, dass ich in dem Hotel anschließend keinen Ausbildungsplatz erhielt. Darüber war ich froh, denn längerfristig wollte ich in Saas-Fee, diesem winzigen Bergdorf, ohnehin nicht arbeiten, hier fühlte ich mich von der Welt völlig abgeschnitten. Und überhaupt stand arbeiten damals nicht auf meiner Prioritätenliste. Meine Eltern organisierten danach zwar noch ein weiteres Praktikum in einem anderen Hotel. Aber auch da behielten sie mich nicht lange. Verständlich, verschwand ich doch immer wieder, ohne mich abzumelden, um mir in Bern Drogen zu besorgen. Welche Folgen die Sucht haben würde, war mir zu dem Zeitpunkt längst egal. Das Verlangen nach dem Stoff war so viel stärker als die Vernunft.

Noch im selben Jahr – ich war gerade sechzehn geworden – schnappte mich die Polizei abends am Bahnhof Brig und brachte mich aufs Revier. Ich war gerade mit dem Zug aus Bern zurückgekommen, wo ich mir einmal mehr Heroin besorgt hatte. Ob sie mich bei meiner Abfahrt beobachtet und auf meine Rückkehr gewartet hatten oder ob ich mit meinem Irokesenschnitt, meinen Stahlkappenstiefeln, den Nietenbändern und den zahlreichen Piercings einfach verdächtig genug aussah, um kontrolliert zu werden, weiß ich nicht. Wie auch immer, so saß ich dann halt wieder im selben Polizeiposten wie bei meiner ersten Verhaftung sieben Monate zuvor im Februar. Und wieder wurden meine frechen Antworten mitprotokolliert.

»Sie werden im Rahmen der polizeilichen Voruntersuchung gegen Sie wegen Widerhandlung gegen das Betäubungsmittelgesetz als Beschuldigte einvernommen. Haben Sie das verstanden?«
»Ja.«
»Wir fanden auf Ihnen ein Minigrip mit circa einem Gramm Heroin. Was sagen Sie dazu?«
»Nichts.«
»Woher stammt der Stoff?«
»Von der Gasse.«
»Von wem haben Sie den Stoff?«
»Keine Ahnung.«
»War es ein Mann oder eine Frau?«
»Weder noch.«
»Beschreiben Sie die Person.«
»Blonde Haare, Shorts und sprach Japanisch.«
»Sie sprechen Japanisch?«

»Ja.«
»Können Sie uns einen Satz auf Japanisch sagen?«
»Hab grad alles vergessen.«
»Wie viel haben Sie bezahlt?«
»Das weiß ich nicht mehr.«
»Seit wann konsumieren Sie Heroin?«
»Seit gestern.«
»Haben Sie dem noch etwas zuzufügen?«
»Ich dachte, es wäre Schnupftabak (lacht).«

Natürlich wurden meine Eltern sofort informiert. Mein Vater holte mich nach der Einvernahme mitten in der Nacht ab. Seine Reaktion war für mich völlig unerwartet. Statt wütend zu sein, nahm er mich in den Arm und sagte: »Wir werden das gemeinsam schaffen.« Das zu hören, war unglaublich schön, ich fühlte mich enorm erleichtert. Gleichzeitig überkamen mich aber auch erstmals Schuldgefühle meinen Eltern gegenüber. Denn in diesem Moment wurde mir so richtig bewusst, was ich ihnen antat. Sie dachten ja, dass ich keinerlei Drogen mehr nahm und auf dem Weg der Besserung sei. Nun mussten sie die schlimme Nachricht verkraften: Ihre Tochter war heroinsüchtig. Wie weit, schwierig und energieraubend der Weg sein würde, der vor uns lag, ahnten wir zu diesem Zeitpunkt nicht.

Fluchtversuch

An den Scheidewegen des Lebens stehen keine Wegweiser.

Charlie Chaplin

Die Polizei informierte nicht nur meine Eltern, sondern auch den Jugendrichter. Gemeinsam entschieden sie, mich in eine Therapie einzuweisen. Dafür musste ich aber zuerst einen siebentägigen Entzug im Krankenhaus durchmachen. An den erinnere ich mich kaum, da ich starke Medikamente bekam. Danach wollte ich, bevor es in die Therapie ging, unbedingt nochmals meine Clique treffen, immerhin würde ich sie sehr lange nicht mehr sehen. Meine Eltern hielten das für keine gute Idee. Doch ich bettelte so lange, bis sie mir diesen »letzten« Abend im Freundeskreis bewilligten. Ich griff an diesem Abend zwar nicht zu Heroin, dafür aber zu Morphin. Und da beides ja von derselben Pflanze stammt, war meine Urinkontrolle am nächsten Morgen wieder positiv, sodass ich meine Therapie nicht antreten konnte. Es brauchte also nochmals einen Entzug und nochmals einige Tage im Krankenhaus. Als in meinem Urin keine Spuren von Drogen mehr festgestellt wurden, musste ich von dort aus direkt in die Therapie. Ein Zwischenstopp war nicht mehr erlaubt.

Ende Oktober 2000, ziemlich genau einen Monat nach meinem sechzehnten Geburtstag, traf ich im Rehabilitationszentrum Lutzenberg im Kanton Appenzell Außerrhoden ein. Mein Vater begleitete mich. Es war sicher ein harter Abschied für ihn. Schließlich übergab er seine minderjährige Tochter für lange Zeit und mehrere Stunden von zu Hause entfernt in die Obhut fremder Menschen. Und auch für mich war es nicht einfach, obwohl unser Verhältnis zuvor eher schwierig gewesen war. Ich befand mich nun, völlig allein und auf mich gestellt, an einem mir gänzlich unbekannten Ort. Und plötzlich wurde mir bewusst, wie wichtig meine Familie für mich war. Zumal mich meine Eltern bislang nicht im Stich gelassen hatten, egal, was ich anstellte.

In dieser neuen Umgebung kam meine ganze Unsicherheit wieder zum Vorschein. Zumal ich bereits zu Hause meine lila Haare wieder hatte dunkel färben und alle Piercings entfernen müssen. Zweieinhalb Jahre Therapie standen mir nun bevor, das wusste ich bereits. Wie sollte ich diese lange Zeit nur überstehen? Es fiel mir sehr schwer, mich einzugewöhnen. Plötzlich gab es Strukturen und Tagespläne, körperliche Arbeit und Therapiesitzungen. Und das an einem Ort, an dem ich schlicht und einfach nicht sein wollte.

Das Therapiezentrum lag auf einem Hügel oberhalb des Dorfes Rheineck, das bereits zum Sankt Gallischen gehörte, und bestand aus mehreren Häusern und Arbeitsbereichen. Es gab das Haupthaus mit den Büros und einem Aufenthaltsraum für das Therapiepersonal sowie mehrere Wohngebäude für die Suchtkranken. Wenn ich mich recht erinnere, waren es insgesamt fünf Wohnhäuser, die Namen trugen wie Jambo, Wiking oder Albatros; je nach Auslastung des Zentrums war das eine oder andere nicht in Betrieb, und später wurde eines in ein reines Frauenhaus umgewandelt. Zudem gab es einen Außenpool, ein im Sommer sehr beliebter Ort, wo wir uns von der Arbeit erholten.

Ziel der Therapie war die soziale und berufliche Rehabilitation von uns Suchtkranken. Für die verschiedenen Stufen, die wir hier durchliefen, gab es unterschiedliche Häuser. Je nach Fortschritt der Therapie zogen wir ein Haus weiter. Im ersten Haus wurde der Fokus auf das Ankommen gelegt und auf das Erlernen grundsätzlicher Fertigkeiten, wie etwa einen Haushalt zu führen. Hier ging es vor allem darum, die ersten Wochen ohne Drogen zu überstehen und die Therapie nicht abzubrechen. Im nächsten Haus wurde es schon etwas konkreter. Wir erfuhren dort, wie wir uns einen Freundeskreis aufbauen konnten mit Menschen, die keine Suchterfahrung hatten. Außerdem lernten wir, unsere Freizeit sinnvoll zu gestalten. Dazu mussten wir uns zum Beispiel bei einem Verein unserer Wahl außerhalb des Zentrums anmelden – ich selbst besuchte im nahen Sankt Gallen einen Bauchtanzkurs. In dieser zweiten Stufe ging es auch schon darum, herauszubekommen, was wir nach der Therapie machen wollten und welcher Beruf zu uns passen würde. Ein Haus weiter wurde man dann vor allem auf den Austritt und das Leben danach vorbereitet. Jede einzelne der drei Stufen nahm in der Regel mehrere Monate in Anspruch.

Im Therapiezentrum gab es von Beginn an mehrere Arbeitsbereiche, für die wir Klientinnen und Klienten – man nannte uns nicht Patienten – eingeteilt wurden. Ein realitätsnahes Arbeitstraining ist eines der Hauptziele der Therapie, denn ein normaler Tagesablauf ist den meisten Drogensüchtigen fremd. Wir wurden von ausgebildeten Arbeitspädagogen begleitet. Das Konzept sollte uns auf die Arbeit außerhalb des Therapiezentrums vorbereiten. Außerdem gab es in mehreren zentrumseigenen Betrieben die Möglichkeit, eine Ausbildung zu absolvieren.

Wie die meisten Neuankömmlinge kam ich zunächst im Außenbereich zum Einsatz. Ich musste Umgebungsarbeiten erledigen wie zum Beispiel Unkraut jäten oder die Straßen und Plätze im Zentrum sauber halten. Es gab auch zwei Esel und mehrere Zwergziegen, die wir versorgen mussten; sie waren unser aller Freude. Ich erinnere mich, dass der besonders störrische Esel Bimbo hieß. Dann gab es noch die Werkstatt, in der Gegenstände aus Holz gefertigt wurden. Das Werkstatt-Team war auch für kleinere Reparaturen und Unterhaltsarbeiten im Therapiezentrum verantwortlich. In der hauseigenen Druckerei wurden die im Therapiezentrum benötigten Drucksachen angefertigt, aber auch Aufträge von außerhalb erledigt, wenn zum Beispiel eine Firma Briefpapier mit Logo, Flyer oder speziell bedruckte Schreibblocks benötigte. Und dann gab es noch das Büro, wo ebenfalls ein oder zwei von uns zur Arbeit eingeteilt waren. Ein weiterer Arbeitsbereich war die Bäckerei. Der Bäcker war in der ganzen Region bekannt für seinen guten Vanillestrudel und die leckeren Osterhasen. Ansonsten wurde hier gebacken, was in einer Bäckerei halt so gebacken wird. Auch hierfür gab es Bestellungen von Privatleuten und Unternehmen aus der Gegend. Später würde ich alle diese Stationen und Arbeitsstätten durchlaufen. Mit Ausnahme des Dorfladens mitten auf dem Zentrumsgelände, in dem wir mit unserem Taschengeld einkaufen konnten. Hier hätte ich, wenn ich gewollt hätte, den Beruf der Verkäuferin erlernen können. Doch noch stand ich ganz am Anfang der Therapie.

Die meisten Klientinnen und Klienten waren viel älter als ich. Ich war die Jüngste. Nur ein einziges Mädchen war mit ihren achtzehn Jahren etwa in meinem Alter. Wir freundeten uns schnell an. Unser Plan, auszubrechen, stand schon nach wenigen Tagen fest. Denn wie ich bereits sagte: Ich wollte nicht hier sein. Ich fühlte mich abgeschoben und wie in einem Gefängnis. Wir beschlossen also, nach Deutschland abzuhauen, nach Berlin zum Bahnhof Zoo, zu dem Ort also, den ich aus dem Film »Wir Kinder vom Bahnhof Zoo« kannte. Dort wollten wir auf der Straße leben, uns Geld zusammenschnorren, Drogen konsumieren und uns von niemandem etwas sagen lassen.

Doch aus der Therapie zu flüchten, war gar nicht so einfach. Denn wir Neuen wurden keine Sekunde aus den Augen gelassen. Einmal, ich war noch keine Woche im Therapiezentrum, ergab sich unversehens trotzdem eine Möglichkeit. Wir standen gerade vor dem Haus, um eine Zigarette zu rauchen. Kein Aufpasser weit und breit. Hatten sie uns vergessen? Wir ergriffen unsere Chance und türmten. Nur mit den Sachen, die wir anhatten. Das Gelände des Therapiezentrums war von wild wachsendem Gebüsch umgeben. Wir zwängten uns durch die Büsche und rannten den Hügel hinunter zum Bahnhof Rheineck, wo es der Zufall wollte, dass exakt, als wir dort ankamen, eine S-Bahn einfuhr. Unsere Herzen klopften schnell, sicher von dem Sprint, vielleicht aber auch von der Aufregung.

Geld hatten wir keines. Im Zug von Sankt Gallen nach Zürich fuhren wir schwarz und versteckten uns in der Toilette. Erwischt wurden wir nicht. Da meine Begleiterin sich in Zürich auskannte, wusste sie genau, wo wir Männer fanden, die Frauen für Sex suchten. Lange warten mussten wir nicht, junge Mädchen sind an solchen Orten sehr beliebt. Wir verkauften uns also an zwei Männer. Und natürlich fühlte ich mich wieder beschmutzt und benutzt, doch das Verlangen nach

Drogen war unendlich viel stärker als meine Scham. Mit dem Geld besorgten wir uns sofort Heroin.

Das ging etwa zwei Tage so weiter: auf dem Straßenstrich Geld besorgen, einen Teil davon für Zugtickets sparen – wir wollten ja weiter – und den Rest für Drogen und Essen ausgeben. Als wir genug Geld zusammenhatten, lösten wir Billette nach Basel. Dort wollten wir über die Grenze nach Deutschland. Als der Zugbegleiter unsere Fahrkarten begutachtete, fragte er, wie alt wir seien. Das tat er natürlich nicht grundlos, denn wir hatten Tickets für Kinder unter sechzehn Jahren gelöst, weil die nur den halben Preis kosteten. Er glaubte nicht, dass wir noch keine sechzehn waren, und wollte prompt unsere Ausweise sehen. Wir hatten aber keine dabei, denn die lagen im Therapiezentrum unter Verschluss. Der Zugbegleiter sperrte uns kurzerhand im Abteil ein – es war eines dieser Sechserabteile mit Schiebetür –, und als wir im Bahnhof eintrafen, erwartete uns schon die Polizei. Mit zwei Vermisstmeldungen, die auf uns zutrafen.

Die folgende Nacht verbrachten wir in Basel in einer Zelle mit anderen weiblichen Gefangenen. Es war furchtbar. In dem Raum gab es nur eine Toilette; wer sie benutzte, war völlig ungeschützt allen Blicken ausgesetzt. An Schlaf war auch nicht zu denken, denn es gab keine Betten, nur harte Holzbänke und den kalten Fußboden. Am nächsten Tag wurden wir in Handschellen in einen Bus verfrachtet und zurück ins Therapiezentrum gebracht. Die Fahrt dauerte mehr als zwei Stunden, die Handschellen nahmen sie uns während der ganzen Zeit nicht ab.

Das Team war froh, uns unversehrt wiederzuhaben, ebenso meine Eltern, die über unsere Flucht sofort informiert worden waren. Trotzdem bestrafte man uns hart. Wir wurden zu wochenlanger Hausarbeit verdonnert. Wir mussten die Böden reinigen, den Abwasch erledigen, die Wäsche machen und für alle im Haus kochen. Außerdem wurde die Aufsicht strenger, wir durften keinen Schritt mehr allein durch das Zentrum gehen. Heute bin ich froh darüber, dass wir erwischt wurden. Nicht auszumalen, was passiert wäre, wenn uns die Flucht gelungen wäre.

»Du Scheißheroin!«

Am Ende wird alles gut werden, und wenn es
noch nicht gut ist, ist es noch nicht das Ende.

Oscar Wilde

Einen weiteren Ausbruchversuch unternahm ich nicht.
Denn kurz darauf geschah etwas, das mich tief erschütterte.
Wenige Tage nach unserer unfreiwilligen Rückkehr erhielt ich
einen Anruf von meinen Eltern. Das war ziemlich ungewöhnlich, denn in den ersten Wochen der Therapie ist jeglicher
Kontakt nach außen verboten. Verwundert nahm ich den Anruf entgegen. Und dann erzählten mir meine Eltern, dass ein
guter Freund von mir gestorben sei. An einer Überdosis. Er
war nur etwas älter als ich, vielleicht neunzehn, als er starb.
Ich war schockiert und sehr traurig. Zum ersten Mal in meinem Leben wurde ich mit einem Drogentod konfrontiert. Und
leider war es nicht das letzte Mal, denn während meiner Therapie starben noch zwei weitere junge Menschen aus meinem
Freundeskreis. Diese erste Todesnachricht hinterließ in mir
aber einen sehr tiefen Eindruck, da sie mir erstmals vor Augen
führte, wie schnell Heroin töten kann. Damit hatte ich in meiner jugendlichen Naivität nicht gerechnet, und es öffnete mir

den Blick für die Tatsachen. Von da an versuchte ich, mich in die Therapie einzubringen und das Beste aus dieser Zeit zu machen.

Da wir am Anfang der Therapie kaum Freiheiten hatten, konnte ich meinen Eltern nur schreiben. Und das tat ich dann auch, und sie bewahrten den Brief, in dem ich meine Erschütterung über die Todesnachricht zu Papier gebracht hatte, bis heute für mich auf. Der Titel lautet »Spiel mit dem Tod«:

Ich sah in den Spiegel, meine Augen weinten. Sie hassten den Menschen, den sie sahen. Ein fremdes Wesen existierte in mir. Übernahm die Kontrolle über mich und meine Gedanken. Mein Leben war nur noch ein Spiel. Ein Spiel mit dem Tod. Ich stand vor dem Abgrund, rief Satan zu mir. Ich wusste keine Antwort mehr auf die Frage, die mir das Leben stellte. Die Frage nach dem Sinn. Eine Kraft in mir hilft mir jetzt jedoch, mich nicht aufzugeben. Im Kampf gegen mich selbst finde ich zur Wirklichkeit zurück. Meine Träume nehmen Gestalt an. Sie verformen sich zu Zukunft. Ich spüre Hass gegen dich. Du Scheißheroin hast mir mein Leben genommen. Doch im letzten Spielzug nehme ich es mir zurück. Schachmatt, du Scheißheroin!

Das erste Weihnachtsfest musste ich, so waren die Regeln, in der Therapie verbringen. Zuerst war ich sehr traurig darüber. Weihnachten ohne meine Eltern und meine Brüder! Doch die anwesenden Therapeutinnen und Therapeuten kümmerten sich gut um uns und kochten uns sogar ein mehrgängiges Menü. Und je länger ich im Therapiezentrum wohnte und mich gut anstellte, desto mehr Freiheiten bekam ich. Nach einem halben Jahr Aufenthalt durfte ich dann das erste Mal übers Wochenende meine Familie besuchen. In ihren Augen hatte ich schon große Fortschritte gemacht. Die Haare waren nachgewachsen, ich hatte zugenommen und war klarer im Kopf. Fortan konnte ich zweimal im Monat übers Wochenende nach Hause fahren, wo ich viel Zeit mit meiner Familie verbrachte und abends gelegentlich ausging.

Die Therapie verlief allerdings nicht immer ganz rund. Einmal schmuggelten wir zu viert Alkohol ins Zentrum. Was natürlich verboten war. Wir stellten uns dabei aber so dumm an, dass wir sofort aufflogen: Betrunken spazierten wir johlend durch die ganze Anlage, wurden logischerweise von den Therapeuten aufgegriffen und mussten ins Röhrchen pusten. Alkohol ins Zentrum zu bringen, war kein leichtes Vergehen. Uns erwartete eine besonders harte Strafe. Die so aussah: Wir mussten unsere Wandersachen packen, und ab gings. Zuerst eine Stunde mit dem Bus ins Nirgendwo der Ostschweiz, dann zu Fuß steil einen Berg hinauf, alles durch einen Wald. Der Marsch nahm kein Ende. Bald konnte ich vor Seitenstechen nicht mehr und rang nach Luft. Doch es ging immer weiter hinauf. Wir waren durch unsere Suchtvergangenheit alle körperlich nicht besonders fit. Ganz im Gegensatz zum Therapeuten, der uns begleitete, er hatte in seiner Freizeit sicher schon oft solche Touren unternommen.

Doch die Wanderung war nicht mal das Härteste. Nach dem endlosen Marschieren – wir waren sicher acht bis zehn Stunden unterwegs – mussten wir auch noch im Wald übernachten. Ohne Zelt. Nur mit Schlafsack. Dabei war es kalt und regnete leicht. Ich machte kein Auge zu. Zum einen, weil mein ganzer Körper von der Wanderung schmerzte, zum andern, weil ich dauernd irgendwelche Geräusche hörte, die ich nicht einordnen konnte. Äste knackten, und es raschelte und krabbelte neben meinem Kopf. Ich fürchtete jeden Moment, dass eine

Spinne oder ein anderes Getier über mein Gesicht lief oder zu mir in den Schlafsack kroch. Am nächsten Morgen ging die Wanderung weiter. Ich weiß nicht mehr, wie ich das nach den Strapazen des Vortags und nach der schlaflosen Nacht noch geschafft habe. Aber immerhin ging es nun wieder hinunter, was wir am Vortag mühevoll hinaufgewandert waren. Spätabends kamen wir im Therapiezentrum an. Völlig erschöpft.

Bei Problemen versammelten sich immer alle Klientinnen und Klienten mit den Therapierenden in der Turnhalle, um gemeinsam darüber zu sprechen. So auch bei unserer Rückkehr. Man fragte uns, ob wir etwas daraus gelernt hätten. Natürlich bejahten wir die Frage. Den Sinn hinter der Bestrafung erkannte ich allerdings erst viel später. Ich denke, der Therapeut wollte uns an unsere Grenzen bringen. Viele Menschen setzen sich bewusst solchen Erfahrungen aus, weil das etwas in ihnen auslöst. Es kann befreiend wirken, wenn du siehst, dass du stärker bist, als du geglaubt hast. Oder wenn du erkennst, dass du dir die Grenzen in deinem Kopf selbst gesetzt hast. Leider war ich damals noch nicht bereit für diese Erkenntnis. So blieb es für mich eine reine Bestrafungsaktion.

Und dann gab es noch einen Vorfall. Ich war am Wochenende zu Hause und begegnete im Ausgang alten Freunden. Sofort war alles, was ich bis dahin gelernt hatte, verflogen. Wieder kam das Gefühl in mir auf, nicht dazuzugehören, wenn ich nicht mitrauchte. Natürlich zeigte der Urintest bei meiner Rückkehr das Cannabis an. Die Therapeuten entschieden daraufhin, mich für eine bestimmte Zeit wegzuschicken, in eine Klinik am Bodensee. Das war zum einen als Strafe gedacht, zum anderen glaubten meine Therapeuten aber auch, dass mir ein Tapetenwechsel guttun würde. Ich musste etwa ein oder zwei Monate in dieser Klinik bleiben. Wie im Therapiezentrum musste ich dort einer Arbeit nachgehen, etwa bei Umzügen helfen und dabei Möbel und Kisten schleppen.

Als ich wieder zurück nach Lutzenberg durfte, war ich richtig froh. Denn irgendwie war es zu einem Zuhause geworden, und all die Menschen um mich herum und das Therapiepersonal waren für mich mittlerweile eine Art Ersatzfamilie. Mit zwei Therapeutinnen und einem Therapeuten verstand ich mich besonders gut. Noch heute habe ich per Whatsapp oder Facebook Kontakt zu ihnen. Sie hatten mir durch ihre lockere und freundschaftliche Art sehr geholfen, mich einzufinden und auf die Therapie einzulassen.

Damals begleitete mich eine Therapeutin auch mehrmals nach Zürich, damit ich dort mit zwei darauf spezialisierten Psychologinnen meine Erfahrungen auf dem Straßenstrich aufarbeiten konnte. Die Therapie sollte ja ganzheitlich sein, und da gehörte dieses Thema eben dazu. Doch ich war noch nicht bereit, das Erlebte an mich heranzulassen. Ich sprach darüber, als ob es jemand anderen beträfe. Ich konnte die einzelnen Situationen zwar schildern, sobald es jedoch darum ging, wie ich mich dabei fühlte, machte ich dicht. Ich war zu diesem Zeitpunkt circa ein Jahr in Therapie, aber es war für mich zu früh, mich damit tiefergehend auseinanderzusetzen. Das merkten auch die beiden Psychologinnen bald. So gaben wir den Versuch, das Erlebte aufzuarbeiten, auf und verschoben es auf später.

Ein fataler Sonnentag am See

Erfolg dauert nie ewig, und Misserfolg ist nie endgültig.

Mike Ditka

Die vierzehnmonatige Bewährungszeit endete im August 2001, kurz vor meinem siebzehnten Geburtstag. Wieder musste ich vor dem Jugendrichter erscheinen. Ein Therapeut begleitete mich zu der Gerichtsverhandlung, die in Visp stattfand. Und ich muss sagen, ich war ganz schön nervös. Denn im Gegensatz zu früher nahm ich keine Drogen mehr, die mein Innenleben hätten dämpfen können. Außerdem glaubte ich mittlerweile, auf einem guten Weg zu sein. Nicht zu wissen, ob ich nun doch noch bestraft würde, machte mir große Angst.

Der Jugendrichter fragte mich über meine aktuelle Situation aus und wollte wissen, wie es mir zwischenzeitlich ergangen war. Als ich ihm erzählte, was ich in den Gesprächen mit den Therapeuten, aber auch in der beruflichen Rehabilitation alles gelernt hatte und wie es mir heute ging, war er positiv überrascht. Und dieses Mal meinte ich es ehrlich. Auch mein Therapeut kam zu Wort: Ich hätte einen entscheidenden Schritt vorwärts gemacht und sei aufgetaut, erzählte er dem Richter. »Sie war zuvor eindeutig in sich gekehrt. Heute ist sie aufnahmefähiger und kann sich besser nach außen richten. Sie hat die Fähigkeit erlangt, Verbindungen zu knüpfen«, steht im Protokoll. Nach rund einer Stunde entschied der Jugendrichter, auf jegliche Sanktion zu verzichten. Ich war erleichtert. Auch meine Eltern, die im Gerichtssaal saßen, freuten sich über das positive Ende der Bewährungszeit. Und so fuhren mein Therapeut und ich zufrieden und glücklich noch am selben Tag zurück ins Therapiezentrum – eindeutig entspannter als auf der Hinfahrt. Mein Therapieleben konnte ungestört weitergehen.

Zweimal im Jahr unternahmen wir alle mit einem Teil des therapeutischen Personals einen einwöchigen Ausflug. Das waren unsere Ferien. Im Winter ging es in die Berge. Hier lernten wir zum Beispiel Langlaufen und Curling. Das war für uns alle etwas Neues, denn in unserem früheren Leben mit der Drogensucht hatten wir keine Zeit und keine Kraft für solche Aktivitäten. An den Abenden spielten wir meist zu viert Briscola, ein italienisches Kartenspiel. Im Sommer fuhren wir ins Sportzentrum Magglingen. Wie nicht anders zu erwarten, haben wir dort den ganzen Tag Sport getrieben. Das war damals eher nicht so mein Ding. Doch im Großen und Ganzen waren die Ferienwochen immer schön. Und wir hatten auch ein bisschen mehr Freiheiten als im Therapiezentrum. Wir mussten nicht arbeiten, und die Nachtruhe wurde nach hinten verschoben. Das war wichtig, denn je länger die Therapie dauerte, desto mehr zerrte die Eintönigkeit des Therapiealltags an den Nerven. Die Ferien waren also eine hochwillkommene Abwechslung.

Da ich mich gut anstellte, durfte ich sogar zweimal mit meiner Mutter in die Ferien fahren. Die eine Reise ging nach Marokko. Zum ersten Mal saß ich in einem Flugzeug, und zum ersten Mal auch besuchte ich einen anderen Kontinent. Die Reise war wahnsinnig schön. Wir fuhren durch das ganze Land bis in die Sahara. Meine Mutter und ich verstanden uns gut. Immerhin war ich zu der Zeit clean, und sie hatte ihr gesundes Mädchen wieder. Wir genossen die Zeit und die vielen neuen Eindrücke, die wir in Marokko sammelten. Die zweite Reise führte uns auf die griechische Insel Santorini. Auch dieser Urlaub war fantastisch. Eine Auszeit von der Therapie in der warmen Sonne Griechenlands! Die gemeinsame Zeit war auch wichtig für unsere Beziehung. Dass sie und auch mein Vater wegen mir in therapeutischer Behandlung waren, erfuhr ich erst viel später. Auch wenn ich nicht aus eigener Erfahrung sprechen kann, da ich selbst keine Kinder habe: Ich stelle es mir unendlich schwer vor, sein minderjähriges Kind durch eine Drogensucht zu begleiten. Der Schmerz und die Angst müssen unbeschreiblich sein.

Nach eineinhalb Jahren begann ich im Therapiezentrum eine kaufmännische Lehre. Dass ich den einzigen Ausbildungsplatz im Büro ergatterte, machte mich schon etwas stolz. Hier saß ich quasi im Herzen des Zentrums. Die beiden Leiter der Therapie waren nur zwei Büros entfernt. In den Pausen trafen sich alle Therapeutinnen und Therapeuten im Aufenthaltsraum. Und ich durfte mit dabei sein. Das war schon etwas Besonderes. Es gab allerdings auch Ausnahmen, nämlich dann, wenn sie etwas Wichtiges zu besprechen hatten.

Die Berufsschule besuchte ich außerhalb des Zentrums in Rorschach am Bodensee. Das bedeutete eineinhalb Tage Freiheit in der Woche. Dort gab es eine Mitschülerin, die trotz ihren jungen Jahren ebenfalls schon viel Schweres erlebt hatte, auch wenn es sich um ganz andere Erfahrungen handelte als bei mir. Und so hatten wir sofort einen guten Draht zueinander.

Wir waren als Einzige in der Klasse auch schon etwas älter, ich siebzehn, sie achtzehn. Es war schön, wieder eine Freundin zu haben.

Während des ersten Berufsschuljahrs – ich war inzwischen seit etwa zwei Jahren in der Therapie – wurden meine Eltern zu einem Gespräch gebeten. Es ging darum, ob ich die letzten beiden Ausbildungsjahre im Wallis absolvieren sollte und somit aus der Therapie entlassen würde oder ob ich in der Region bleiben wollte. Ich entschied mich für letztere Variante, und meine Eltern willigten ein, obwohl sie mich lieber wieder bei sich zu Hause gehabt hätten. Das war für mich jedoch noch keine Option. Und so durfte ich mir eine Wohnung in Rheineck, dem Dorf unterhalb des Therapiezentrums, suchen. Es wurde eine kleine, schnuckelige Wohnung mit Wohnzimmer, Schlafzimmer und Küche mitten im Dorfzentrum. Zum ersten Mal wohnte ich ganz allein. Das war speziell. Einerseits empfand ich das nach der langen Therapiezeit als befreiend, andererseits fühlte ich mich an den Abenden in meinem neuen Zuhause manchmal recht einsam, da ich das Alleinsein überhaupt nicht mehr gewohnt war. Aber das Positive überwog eindeutig.

Aus der Therapie war ich damit noch nicht entlassen. Es war nur ein weiterer Schritt in Richtung Selbständigkeit. Bis zum Ende des ersten Ausbildungsjahrs arbeitete ich weiterhin im Büro des Therapiezentrums. Ich musste mich auch nach wie vor Urinkontrollen unterziehen und zu Therapiegesprächen einfinden, in denen ich über Probleme, Sorgen oder Ängste sprechen konnte. Damals machte ich auch den Führerschein für das Moped. Und als meine Eltern mir eines kauften, musste ich den Weg zur Arbeit nicht mehr zu Fuß machen. Im zweiten Ausbildungsjahr wechselte ich dann vom Büro des Therapiezentrums in das Sekretariat einer Schule in Rheineck, um Arbeitserfahrung in einem weniger behüteten Rahmen zu sammeln. Ich war also nicht mal mehr tagsüber im Therapiezentrum. Einzig die Gespräche und die Urinkontrollen blieben. Mit den Freiheiten kamen aber auch langsam wieder Probleme.

Und es passierte erneut. Statt in die Schule zu gehen, fuhr ich nach Sankt Gallen und kaufte mir – Heroin. Was ich mir dabei dachte? Nicht viel. Es war ein sonniger Tag, und ich verspürte plötzlich den ungeheuren Drang, noch einmal dieses einzigartige Gefühl des Glücks und der Sorglosigkeit zu erleben. Ich war aufgeregt und auch etwas unsicher. Sollte ich das wirklich tun? Oder sollte ich es nicht besser sein lassen? Doch ich machte mir keinerlei Gedanken darüber, dass ich wieder abhängig werden könnte. Ich wollte einfach nur unbedingt wieder einmal diese wunderbare Leichtigkeit erleben. Nur dieses eine Mal. Genau jetzt. Wenn ich ehrlich bin, hatte ich mir schon zu Beginn der Therapie nicht vorstellen können, dass ich nie wieder Heroin konsumierte. Jung wie ich war, hatte ich die tiefsten Täler der Sucht noch nicht durchschritten. Und so überwog in diesem Moment die Erinnerung an die Glücksgefühle, die Heroin auslöste. Und wie ich es nun nach zwei Jahren wieder konsumierte, waren sie sofort wieder da, die Glücksgefühle. Exakt wie beim ersten Mal. Ich saß am Bodensee und genoss den Tag in der Sonne. Klar, hätte ich wissen müssen, wie gefährlich das ist. Wie schnell ich wieder abhängig werden konnte. Aber es zeigt eben auch, wie sehr dich die Sucht auch nach längerer Abstinenz noch im Griff haben kann. Und natürlich blieb es nicht bei diesem einen Rückfall. Im Gegenteil: Er war der Anfang eines langen, nein, eines sehr, sehr, sehr langen Wegs.

Im Laufe der folgenden Wochen wurde ich immer häufiger rückfällig. Das Heroin ließ mich nicht mehr los. Natürlich achtete ich immer darauf, dass ich bei keiner Urinkontrolle im Therapiezentrum aufflog. Ich konsumierte nur dann etwas, wenn ich sicher sein konnte, dass gerade keine anstand, zum Beispiel direkt nach einer Kontrolle. Im Zentrum merkten sie deshalb lange Zeit nichts. Und ich wurde auch nicht direkt wieder körperlich abhängig, weil die Abstände zu groß waren. Es dauerte etwa ein halbes Jahr, bis die ersten größeren Probleme sichtbar wurden.

Je öfter ich zu Heroin griff, desto unregelmäßiger besuchte ich die Schule. Zum einen, weil mir die Ausbildung zunehmend egal wurde, zum anderen, weil ich die Zeit benötigte, um mir in Sankt Gallen das Heroin zu besorgen. Auch meine Leistung im Schulsekretariat nahm stark ab. Bis sie mir am Ende des zweiten Ausbildungsjahres eröffneten, dass ich mir für das dritte Lehrjahr einen anderen Ausbildungsplatz suchen solle. Ich erfand viele Ausflüchte gegenüber meinen Eltern, den Ausbildnern, den Therapeutinnen, warum ich der Schule fernblieb und meine Leistung am Arbeitsplatz nachgelassen hatte. Behauptete, dass ich keine Drogen nahm, sondern einfach nicht mit dem Druck in der Arbeitswelt zurechtkam. Ich denke nicht, dass mir das jemand glaubte, aber ich hatte meinen Bonus verspielt: Die Therapie wurde für beendet erklärt. Ich erhielt keine weitere Unterstützung mehr aus dem Zentrum.

In der Region blieb ich trotzdem. Meine Eltern organisierten auf mein Drängen hin einen Platz in einer Schule, wo ich meine Ausbildung beenden konnte. Es war die Benedict-Schule in Sankt Gallen. Sie war ziemlich teuer, da es eine Privatschule war. Hier konnte ich mein drittes und letztes Ausbildungsjahr absolvieren. Die Schule funktionierte etwas anders als andere Ausbildungsstätten: In den ersten zwei Jahren hatten die Schülerinnen und Schüler dort nur Unterricht; die Praxis kam erst im dritten Ausbildungsjahr hinzu, eingebettet in ein Praktikum. Da ich bereits einiges an praktischer Erfahrung gesammelt hatte, musste ich diesen Teil nicht mehr absolvieren und für mein drittes Ausbildungsjahr nur an einem Tag in der Woche die Schule besuchen. Das sollte ich doch hinkriegen.

Bodenlose Tiefen

Es gibt drei Wörter, die alles zusammenfassen,
was ich über das Leben gelernt habe:
Es geht weiter.

Robert Frost

Zu dieser Zeit lernte ich Markus kennen. Er sah gut aus,
war groß, hatte lange, dunkle Haare. Seine etwas rockige Art
gefiel mir sehr. Wir waren uns in einer Bar in Sankt Gallen
begegnet, die in der Nähe des Kantonsschulparks lag, dem
Hauptumschlagplatz für Drogen. Dort hatte ich mir eines
Abends Heroin besorgt und war dann weitergezogen in diese
Bar. Wir kamen sehr schnell ins Gespräch, und es zeigte sich,
dass er heroinsüchtig war, sich zu der Zeit aber in einem Programm befand, in dem er auf ärztliche Verordnung Methadon
bekam. Eigentlich ist das Konzept der Abgabe dieses Medika-
ments, das Entzugserscheinungen verhindert, eine Chance,
vom Heroin loszukommen. Leider wird daneben aber oftmals
weiter Heroin konsumiert, und das Methadon dient nur dazu,
nicht auf Entzug zu kommen, falls dieses nicht zur Hand ist.
Auch Markus konsumierte trotz Methadon gelegentlich Heroin. So wie auch ich es ab und zu nahm. Körperlich war ich

zu diesem Zeitpunkt noch nicht wieder abhängig. Doch die Rückfälle mehrten sich.

Obwohl Markus siebzehn Jahre älter war als ich – ich war inzwischen fast neunzehn –, wurden wir schnell ein Paar. Er wohnte weit draußen am Rand von Sankt Gallen. Von seiner Wohnung bis zur nächsten Bushaltestelle waren es zwanzig Minuten zu Fuß. Die Ruhe dort hat seinen drei Katzen sicher gut gefallen. Für mich war es aber eindeutig zu weit von der Innenstadt, den Läden und dem Heroinumschlagplatz entfernt. Trotzdem zog ich mit dem Wenigen, das ich besaß, bei ihm ein, ich glaube, sogar schon nach zwei Monaten. Wir waren verliebt und wollten möglichst viel beisammen sein.

Damals konnte ich noch nicht voraussehen, dass wir uns gegenseitig wieder tief in die Drogen reißen würden. Nach zwei oder drei Monate konsumierten wir das Heroin täglich und waren wieder abhängig. Markus arbeitete als Kommunikationsspezialist und verdiente gutes Geld, sodass er unseren Drogenkonsum finanzieren konnte. Ich war dafür zuständig, jeden Tag in der Stadt die Drogen zu besorgen und ihm am Mittag etwas davon vorbeizubringen. Daneben besuchte ich schön brav einmal in der Woche die Schule. Als es nach einem Jahr an die Abschlussarbeit ging, riss ich mich zusammen, schaffte trotz erneuter Abhängigkeit die Prüfung und bekam meinen Fähigkeitsausweis als kaufmännische Angestellte. Das gelang mir nur, weil ich mich in dieser Zeit auf meine Ausbildung konzentrieren konnte: Ich war in der komfortablen Situation, für die Drogen immer genügend Geld zu haben, sodass ich mich nicht um dessen Beschaffung kümmern musste. Sobald man körperlich abhängig ist, geht es ja nicht mehr um das Erleben von Glücksgefühlen, sondern nur noch darum, normal funktionieren zu können. Meine Eltern waren sehr froh, dass ich die Ausbildung abgeschlossen hatte, es bestätigte sie in ihrer Annahme, dass ich keine Drogen mehr nahm.

Doch nach der Prüfung wurde es mit der Sucht erst richtig schlimm. Bis dahin hatte ich das Heroin nur geraucht oder geschnupft. Nun fingen wir an, zu spritzen, sogenannte Cocktails aus Kokain und Heroin. Das war eine völlig neue Erfahrung mit den gleichen Drogen. Denn beim Rauchen oder Schnupfen dauert es länger, bis die Wirkung eintritt, und sie ist auch weniger intensiv. Beim Spritzen tritt in Sekundenschnelle eine starke Wirkung ein, die aber zügig wieder abflacht. Zu Beginn setzte mir Markus die Spritze, da er bereits Erfahrung darin hatte. Mit der Zeit schaffte ich es allein. Kaum gelangte die Droge ins Blut, kam sie auch schon im Gehirn an. Ein Ohrenrauschen setzte ein, das Kinn sank auf die Brust, und für ein paar Minuten war ich wie weggetreten. In dieser kurzen Zeitspanne schien meine Welt in Ordnung zu sein. Alle Probleme waren weit, weit weg, und es gab nur noch mich und meinen Rausch. Ich war nun also nicht nur süchtig nach Heroin, sondern auch nach der Spritze – ich konnte es kaum erwarten, mir die nächste zu setzen.

Eines Tages machten wir dann eine böse Erfahrung. Das Kokain, das wir häufig zusammen mit dem Heroin spritzten, war nicht sauber. Wir merkten das aber erst, nachdem wir uns den Schuss gesetzt hatten. Sofort setzten unerträgliche Kopfschmerzen ein, zudem war ich absolut unfähig, mich zu bewegen. Ich hatte Angst, fürchtete, mein Herz würde jeden Moment aufhören zu schlagen. Stunden vergingen, in denen ich mich dem Tod so nah fühlte wie noch nie. Ich dachte an meine Freunde, die bereits gestorben waren. Dachte, jetzt trifft es auch mich. Ich bat Markus, einen Krankenwagen zu rufen. Doch auch er war nicht imstande, ein Telefon in die Hand zu nehmen. Wir waren wie erstarrt. Unser Gehirn kommunizierte nicht mehr richtig mit unserem Körper.

Wie viele Stunden wir regungslos verharrten und irgendwie zu überleben hofften, weiß ich nicht mehr. Vielleicht fünf oder sechs Stunden, vielleicht aber auch viel länger. Irgendwann schlief ich vor Erschöpfung ein. Und wachte am nächsten Morgen mit Entzugserscheinungen auf. Für Markus war von da an klar, dass er das Kokain künftig sein ließ und das Heroin, statt zu spritzen, wieder rauchte. Doch ich konnte es nicht sein lassen. Von diesem Tag an besorgte ich mir das Kokain und die Spritzen heimlich. Ich arbeitete ja nicht, dazu wäre ich aufgrund meiner Sucht gar nicht fähig gewesen. In unserem Haushalt war ich weiterhin dafür zuständig, mich um den Stoff zu kümmern. Und so fuhr ich jeden Tag mit meinem Moped in die Sankt Galler Innenstadt, wo ich mir dann auch das Kokain besorgte. In der Apotheke oder an öffentlichen Spritzenautomaten kaufte ich für wenig Geld die sogenannte Flash-Box. Sie enthielt sterile Spritzen samt Zubehör – eine Präventionsmaßnahme, die nach den Zürcher Platzspitz-Zeiten eingeführt worden war, um die Übertragung von Krankheiten durch den Austausch von gebrauchten Spritzen unter den Süchtigen zu verhindern.

Ich erinnere mich, dass mich einmal ein Mann dabei beobachtete, wie ich Geld in einen Spritzenautomaten warf. Er schaute mir entsetzt zu, sprach mich sogar an. Er wollte wissen, wie alt ich sei und ob er mir nicht helfen könne. Mit einem hämischen Lachen habe ich die gut gemeinte Frage abgetan. Damals glaubte ich, dass mir sowieso nicht mehr zu helfen sei. Denn mittlerweile war ich an einem Punkt angekommen, an dem ich so tief in der Sucht steckte, dass ich nur noch Verachtung für mich übrighatte. Hinzu kam, dass ich inzwischen nicht nur meine Eltern belog, sondern jetzt sogar Markus, meinen Partner.

Meine Spritzen und das Kokain deponierte ich zwei Etagen tiefer in der Waschküche, damit ich mir dort, wenn Markus abends nach Hause kam, noch ein oder zwei Injektionen machen konnte, zusätzlich zu den fünf oder sechs, die ich mir während des Tages bereits verabreicht hatte. Der intensive Rausch hielt ja nur für wenige Minuten an, sodass mir Markus, wenn ich wieder oben war, nichts anmerkte. Doch mit der Zeit gingen durch das viele Spritzen meine Venen kaputt. Manchmal schoss das Blut in hohem Bogen aus meinem Arm, wenn ich die Vene nicht richtig traf. Ich fand kaum mehr eine Stelle, wo ich die Spritze noch ansetzen konnte.

Irgendwie aber schaffte ich es, das alles geheim zu halten. Vor Markus und auch vor meinen Eltern, die wir alle paar Monate besuchten. Sie wussten nichts von unserem Zustand. Meine Arme versteckte ich unter langärmeligen Oberteilen. Sie äußerten zwar immer wieder Zweifel, doch ich beschwichtigte sie mit Lügen. Da ich in Sankt Gallen wohnte und sie weit weg im Wallis, konnte ich ihnen gegenüber das Bild von der heilen Welt noch längere Zeit aufrechterhalten. Doch Markus fand eines Tages die Spritzen in der Waschküche. Er wurde richtig sauer. Ich musste ihm versprechen, damit aufzuhören, sonst würde er sich von mir trennen. Ich versprach es und hielt mich daran. Fortan verzichtete ich auf die Cocktails und rauchte nur noch Heroin. Eigentlich war das kein Problem, denn egal, ob man das Heroin spritzt, raucht oder schnupft, es befriedigt die Sucht. Der Drang, zu spritzen, hielt aber noch eine ganze Weile an.

Im Teufelskreis der Sucht

Das größte Leid ist das,
was sich der Mensch selbst antut.

Manès Sperber

Eines Tages fusionierte die Firma von Markus mit einem größeren Unternehmen. Er wurde freigestellt und bekam eine hohe Abfindung im fünfstelligen Bereich. Für einige Zeit mussten wir uns zumindest in Sachen Geld also keine Sorgen machen. Doch Drogen sind teuer. Pro Tag brauchten wir circa 200 Franken für Heroin. Das sind 1400 Franken in der Woche und 6000 im Monat, allein für unsere Sucht. Doch auch die Miete, die Nahrungsmittel, die Telefonverträge und so weiter kosteten, sodass das Geld – kein Wunder – nach ein paar Monaten bereits aufgebraucht war. Markus meldete sich bei der Arbeitslosenkasse an, und da er gut verdient hatte, kam Anfang des Monats jeweils recht viel Geld ins Haus. Das reichte aber nicht für den ganzen Monat, zumal ich selbst ja keinen Rappen verdiente. Und so wurde es zum endlosen Kampf, unsere Sucht zu finanzieren. Manchmal konnte ich meine Eltern mit irgendeiner fadenscheinigen Erklärung dazu bringen, mir Geld zu überweisen. Manchmal bettelte Markus bei seiner

Familie. Und manchmal ging ich wieder auf den Strich. Meinen Körper zu verkaufen, war für uns oft die letzte Möglichkeit, an Geld zu kommen. Manchmal bezahlte ich die Dealer auch direkt mit sexuellen Gefälligkeiten.

Doch nicht nur die Geldbeschaffung war ein ständiger Kampf. Selbst wenn wir genug davon hatten, wussten wir nie mit Sicherheit, ob wir damit auch Heroin kaufen konnten. Oft hatten wir über längere Zeit zwar denselben Dealer, bei dem wir einfach anrufen und Ort und Zeit für die Übergabe verabreden konnten. Doch immer wieder kam es vor, dass ein Dealer plötzlich verschwand. Manch einer wurde verhaftet, andere hatten irgendwann genügend Geld verdient und wollten sich keinem Risiko mehr aussetzen. Dann mussten wir uns einen neuen suchen, was nicht immer einfach war. Wir mussten unser Heroin dann oftmals in Kleinmengen auf der Gasse zusammenkaufen. Das war nicht nur teurer, der Verkäufer war meist auch selbst süchtig. Da lief man immer Gefahr, Dreck zu kaufen. Wenn ich heute an meine Suchtzeit zurückdenke, dann war es ein ständiges, ja ein tägliches, sogar stündliches Auf und Ab der Emotionen. Hatten wir Geld und Heroin, konnten wir für ein paar Stunden durchatmen. Doch gleich danach fing der Kampf von neuem an. Haben wir genug Geld? Bekommen wir Heroin oder droht der Entzugsschmerz? Es war entsetzlich.

Da wir nun beide nichts mehr zu tun hatten, verbrachten wir viel Zeit in der Sankt Galler Drogenszene. Dort traf ich einige meiner Mitklientinnen und -klienten aus dem Therapiezentrum wieder. Was kein Wunder ist, denn es schaffen die wenigsten, aus der Sucht herauszukommen. Wir waren oft in diesem einen Park, in dem nicht nur Heroin verkauft und konsumiert, sondern auch viel Alkohol getrunken wurde; ich selbst rührte damals allerdings keinen an. Wir saßen auch viel in der Gassenküche, wo man ein günstiges Mittagessen bekam. Dort und im Park waren immer dieselben Süchtigen unterwegs. Tag für Tag. Und wenn dann plötzlich über längere Zeit hinweg jemand fehlte, wussten wir, dass er oder sie entweder gestorben oder verhaftet worden war.

Eines Tages bemerkte Markus eigenartige rote Flecken an seinen Beinen. Wir gingen zu einem Arzt. Und dieser überwies ihn direkt ins Krankenhaus. Markus durfte noch nicht einmal kurz nach Hause, um sich Kleidung zu holen. Die Ärztinnen und Ärzte im Universitätsspital waren sehr besorgt. Die roten Flecken breiteten sich rasant aus. Es waren Petechien. Das sind kleine Blutungen unter der Haut, die entstehen, wenn die Blutgefäße kleine Risse bekommen und der Körper zu wenig Blutplättchen hat, um diese zu reparieren. Es war furchtbar, denn die Ärzteschaft war mehr oder weniger ratlos. Sie wussten zwar von seiner Sucht, doch in ihren Augen war das wohl nicht der ursächliche Auslöser. Markus lag mehrere Wochen im Krankenhaus. Ich besuchte ihn jeden Tag und brachte ihm zu dem Methadon, das er im Krankenhaus erhielt, Heroin mit. Denn Methadon nimmt einem ja nur die Entzugserscheinungen, nicht aber den Suchtdruck. Zumal Markus das Methadon zuvor nur sehr unregelmäßig eingenommen hatte; sein Arzt hatte ihm immer eine Wochenration mitgegeben, und davon hatten wir einen großen Teil auf der Straße verkauft und den Rest als Notvorrat für die Tage zurückgelegt, an denen wir kein Heroin bekamen.

Es stand eine Zeit lang nicht gut um Markus, niemand wusste, ob er überleben würde. Doch plötzlich fing sich sein Körper an zu erholen. Nach einem Monat wurde er entlassen. Wir führten unser Leben danach weiter wie gehabt. Wir fanden nie heraus, was diese Krankheit ausgelöst hatte, lernten aber auch nichts aus der Geschichte. Dabei richteten die Drogen unsere Körper langsam, aber sicher zugrunde, denn das Heroin von der Straße ist immer gestreckt. Ehrlich gesagt, will ich gar nicht wissen, was da alles beigemischt wurde. Manchmal waren es Schlaftabletten, sodass wir nach dem Konsum für einige Stunden völlig weg waren, quasi in einem Schlafkoma. Und wenn wir aufwachten, waren wir bereits wieder auf Entzug. Mit der nächsten Dosis begann das Spiel von vorn. So haben wir manchmal tagelang nur konsumiert und geschlafen. Auch wenn es unfassbar scheint: Ich hatte damals schlicht keine Kraft, gegen den enormen Suchtdruck anzukommen. Dazu musste noch viel mehr passieren.

Ein verpatzter Abflug
und gebrochene Herzen

Scheitern ist nicht das Gegenteil von Erfolg,
es ist ein Teil davon.

Karamo Brown

Einige Zeit danach gewann meine Mutter mit einem ihrer Bilder einen Künstlerwettbewerb. Der Preis war eine Reise für zwei Personen nach Indien mit einem vollständigen Ayurveda-Programm. Ich sah meine Eltern damals nicht oft, da wir mehrere hundert Kilometer voneinander entfernt wohnten; sie waren also noch immer der Meinung, dass alles in Ordnung sei. Meine Mutter fragte mich, ob ich sie nach Indien begleiten wolle. Sogar Markus sollte mitkommen, sie mochte ihn und wollte ihm die Reise bezahlen. Ohne groß zu überlegen, sagten wir zu. Natürlich brauchten wir wegen unserer Sucht einen Plan, und der sah so aus: Das flüssige Methadon, das wir als Notvorrat zu Hause aufbewahrten, wollten wir mit Wasser mischen und in einer PET-Flasche im Koffer durch den Zoll schmuggeln. Wir waren der Meinung, dass das mit Wasser verdünnte Methadon trotzdem wirken würde, wenn man nur genug davon trank. Doch so weit kam es gar nicht.

Am Tag der Abreise – wir hatten im Flughafen bereits unsere Koffer aufgegeben – wurde unser Flug wegen eines technischen Defekts immer weiter nach hinten verschoben. Am Ende waren es acht Stunden, und die ersten Entzugssymptome meldeten sich. Plötzlich musste es dann aber ganz schnell gehen, wir sollten umgehend einsteigen. Ich schaffte es gerade noch ins Flugzeug und auf meinen Platz – als ich die erste Panikattacke meines Lebens bekam. Warum, weiß ich nicht. Ich könnte mir aber vorstellen, dass ich unterbewusst damit rechnete, dass unser Plan misslang. Hinzu kamen sicher auch die Entzugserscheinungen. Jedenfalls hyperventilierte ich, und die Papiertüte, die mir der Flugbegleiter brachte, damit ich in sie hineinatmete, half nicht. Ich konnte mich nicht beruhigen und wollte auf keinen Fall mitfliegen. Und so stiegen wir alle drei wieder aus. Was den Start des Flugzeugs leider noch mehr verzögerte, weil unser Gepäck wieder ausgeladen werden musste.

Natürlich fühlte ich mich danach furchtbar. Zum einen war ich erschöpft von meiner Panikattacke, zum anderen brach es mir das Herz, dass ich meiner Mutter die Reise kaputtgemacht hatte. Es tut mir heute noch leid. Eines Tages, liebe Mama, werden wir beide noch eine solche Reise unternehmen, das verspreche ich dir hier! Damals aber, das glaube ich heute, hatte das Universum rechtzeitig eingegriffen. Was, wenn wir mit dem Methadon in Indien erwischt worden wären? Vermutlich wären wir für viele Jahre ins Gefängnis gewandert. Und selbst wenn sie uns nicht erwischt hätten: Was, wenn das Methadon nicht gereicht hätte? Ich weiß nicht, wie wir glauben konnten, der Plan würde aufgehen.

Da die Reise nach Indien nun aber ins Wasser gefallen war, luden meine Eltern Markus und mich stattdessen zu einem Kurzurlaub ans Meer an die ligurische Küste ein. Auch hier wollten wir die Tage mit Methadon überbrücken. Doch das ging nicht lange gut, denn schnell wurde der Suchtdruck größer. Und so fuhren Markus und ich schon drei Tage später nach Genua, die Zugfahrt dauerte immerhin eine Stunde. Wir kannten uns in der Stadt zwar nicht aus und sprachen auch kein Italienisch. Trotzdem fanden wir einen Ort, an dem Drogen verkauft wurden. Als mehrjährig Süchtige bekommt man dafür einen Blick. Als wir am nächsten Tag schon wieder nach Genua wollten, kam meinen Eltern das eigenartig vor. Denn eigentlich hatten wir die Zeit am Meer ja gemeinsam verbringen wollen. Markus und ich fuhren trotzdem. In diesen Tagen kamen ihnen die ersten Zweifel, und sie fragten, ob ich wieder Drogen nahm. Ich stritt es ab. Lange dauerte es aber nicht mehr, bis sie die ganze Wahrheit erfuhren.

Mit Markus war ich inzwischen etwa drei Jahre zusammen. Die Sucht hatte jedoch alles Romantische in unserer Beziehung ausgelöscht. Die Tage sahen immer gleich aus. Unser einziges Thema waren die Drogen. Sex gab es schon lange nicht mehr, zumal das Thema für mich noch immer von meinen Erfahrungen auf dem Straßenstrich geprägt war; ich konnte die Intimität nicht genießen, und als wir es zu Anfang noch versuchten, weinte ich fast immer. Zudem zerstört eine Sucht – auch eine Alkoholsucht – jede Beziehung. Sie lässt keinen Platz für Liebe, Zweisamkeit und Intimität. Wenn nur ein Partner unter einer Sucht leidet, kann das sogar noch schlimmer sein, da der gesunde Partner ständig hofft, den anderen mit seiner Liebe aus der Sucht befreien zu können. Doch leider funktioniert das nur in den allerwenigsten Fällen. Den Ausstieg schaffen die meisten erst, wenn das Leid so groß ist, dass sie es selber nicht mehr ertragen. Wer raucht, kann das vielleicht bestätigen. Rauchen ist übrigens das einzige Laster, das mich noch heute begleitet.

Allerdings rauche ich meist elektrisch, das ist für mich momentan ein ganz guter Kompromiss.

Zwischen Markus und mir lief es damals also nicht mehr gut. Wir waren zwar noch immer ein Team, aber eben nur, um uns in dem ganzen Drogenelend gegenseitig zu helfen. Wir befanden uns in einer Abwärtsspirale, zogen uns gegenseitig immer weiter hinab und hinderten uns so am Ausstieg und am Weiterkommen. Und so verbrachte ich bald immer mehr Zeit mit Said, unserem neuen Dealer. Er kam aus Nordafrika, verkaufte zwar Drogen, nahm selbst aber keine. Wenn ich bei ihm Heroin kaufte, saßen wir danach oft noch lange zusammen in seiner Wohnung. Und er erzählte mir von sich, von seiner Flucht nach Europa. Zusammen mit anderen Flüchtlingen war er als junger Erwachsener tage- und nächtelang marschiert. Schlafen war, wenn überhaupt, nur unter freiem Himmel möglich gewesen, und immer hatte jemand Wache halten müssen. Gegessen wurde, was die Natur hergab: Pflanzen, Beeren, Fische und Frösche. Dann waren sie in einem kleinen Boot aufs Meer hinausgefahren und nach einer anstrengenden Überfahrt in Griechenland angekommen. Dort lebte er zunächst auf der Straße, was besonders nachts gefährlich war. Doch dann lernte er einen Griechen kennen, der ihm Arbeit gab, und Said blieb volle acht Jahre lang bei ihm. Dann zog er weiter in die Schweiz. Als wir uns kennen lernten, besaß er bereits eine Aufenthaltsgenehmigung.

Said war neun Jahre älter als ich und fand Gefallen an mir. Auch ich mochte ihn sehr. Er sah gut aus und war ungemein fürsorglich. Zum einen gab er mir immer wieder umsonst Heroin, zum anderen wollte er mir aber tatsächlich helfen, clean zu werden. Wir begannen eine Affäre.

Auszeit in Griechenland

Nichts geht jemals vorbei,
bis es uns gelehrt hat,
was wir wissen müssen.

Pema Chödrön

Mittlerweile wussten meine Eltern, dass ich noch immer Drogen nahm. Als meine Mutter mich einmal in Sankt Gallen besucht hatte, war ihr aufgefallen, dass etwas nicht stimmte. Ich hatte körperlich stark abgebaut und stand während ihres Besuchs eindeutig unter Drogen. Als ich sie zurück an die Bushaltestelle begleitete, konnte ich mich kaum auf den Beinen halten. Leugnen hatte also keinen Sinn mehr, und ich hatte auch gar keine Kraft dazu. Meine Mutter fuhr nach Hause und besprach mit meinem Vater, was sie unternehmen könnten, um mir zu helfen. Wie tief ich wirklich in den Drogen steckte und was ich bis dahin alles erlebt hatte, erfuhren meine Eltern allerdings nicht. Noch nicht. Ich erzählte ihnen nichts von der Prostitution, nichts von den Spritzen und dem täglichen Suchtelend. Ich wollte sie nicht noch mehr belasten. Und es wäre mir, ehrlich gesagt, auch schwergefallen, mit ihnen darüber zu sprechen.

Und nun gab es in meinem Leben also Said, der mir tatsächlich helfen wollte, clean zu werden. Er fand, dass ich unbedingt wegmüsse aus meiner Umgebung und schlug vor, eine Weile mit ihm nach Griechenland zu fahren. Er kannte dort noch einige Menschen, die uns helfen würden. Und sein ehemaliger Arbeitgeber hatte ihm sogar einen Job versprochen, falls er zurückkäme.

Das klang perfekt. Wir kauften für unseren Griechenlandaufenthalt auf der Gasse Unmengen Methadon für mich ein. Said gab mir das Geld dafür. In Griechenland würde ich dann die Methadondosis langsam reduzieren, bis ich nichts mehr benötigte und clean war. Meine Eltern waren von dem Plan nicht begeistert und organisierten auf die Schnelle einen Termin bei meinem ehemaligen Therapeuten aus dem Therapiezentrum Lutzenberg. Wie sie, redete auch er auf mich ein, ich solle lieber nochmals eine Therapie beginnen. Sie waren einfach nicht davon zu überzeugen, dass Saids Plan ein guter Plan war. Damit ich endlich Ruhe hatte, zeigte ich mich einverstanden, zu bleiben. Das war eine weitere Lüge, keine Sekunde hatte ich das wirklich vor.

Markus wusste zu dem Zeitpunkt noch nichts von meiner Affäre und dem Plan; ich wohnte noch bei ihm. Als ich nach dem Gespräch mit meinen Eltern und dem Therapeuten abends nach Hause kam, beichtete ich ihm aber alles, und wir trennten uns. Von da an waren Said und ich auch offiziell ein Paar. Am nächsten Morgen packten wir unsere zwei Koffer, in deren Plastikverschalung wir Geld und das Methadon verstauten. Mehr als die beiden Koffer nahmen wir nicht mit. Ich ließ mein ganzes Leben hinter mir. Meine Möbel, die restlichen Kleider, das alles blieb bei Markus, bis mein Vater meine Sachen irgendwann, wie er mir später erzählte, bei ihm abholte.

Manches blieb aber auf ewig verschollen. Zum Beispiel die vielen Briefe, die meine Eltern mir während der Therapie geschrieben hatten. Das ist schade. Ich hätte sie so gern noch einmal gelesen.

Es war ein wunderbarer Spätsommermorgen im Jahr 2006, als Said und ich mit dem Zug losfuhren nach Mailand. Am Nachmittag erreichten wir in Ancona die Fähre nach Patras. Kurz vor der Abfahrt rief ich meine Eltern an und sagte ihnen, dass ich auf dem Weg nach Griechenland war. Sie fanden das erwartungsgemäß nicht gut. Doch was wollten sie machen? Nach etwa vierundzwanzig Stunden kamen wir in Griechenland an, wo uns ein Freund von Said mit dem Auto abholte. Er fuhr uns nach Nea Makri, nordöstlich von Athen, wo wir schließlich bei zwei weiteren Freunden Saids unterkamen.

Nea Makri liegt direkt am Meer. Die kleine Stadt mit den langen Sandstränden und der sanften Hügellandschaft im Hintergrund war wunderschön. Und dann erst der griechische Kaffee! Den liebte ich sehr. Kaffee war auch das Erste, das ich auf Griechisch bestellen konnte. Später lernte ich auch die schöne Schrift lesen, zumindest die allgegenwärtigen Großbuchstaben. Ich freue mich immer noch, wenn ich sie irgendwo geschrieben sehe. Aus dieser Zeit ist mir auch die Liebe zur griechischen Musik geblieben. Wenn es mir mal nicht so gut geht, höre ich sie an, sie ist so wunderbar dramatisch und emotional.

In Nea Makri wohnten wir nun zu viert in einem kleinen Apartment, das nur ein Schlafzimmer hatte. Die beiden Freunde waren so nett, es uns zu überlassen, da wir die Hälfte der Miete übernahmen. Sie selbst übernachteten entweder auf einem Sofa auf dem Balkon oder auf mehreren Laken auf dem Küchenboden. Es war ja warm. Said begann, bei seinem früheren Chef zu arbeiten, dessen Firma Metalltore herstellte. Und da er mich nicht gern allein ließ, durfte er mich zur Arbeit mitnehmen. Ich hatte nun nur noch Methadon und lebte erstaunlich gut damit, baute es sogar tatsächlich langsam und Schritt für Schritt ab. Unser Plan schien aufzugehen. Ich genoss die Sonne Griechenlands. Ich genoss unsere Zweisamkeit. Und das drogenfreie Umfeld. Es war eine großartige Zeit. Wir lebten zwar sehr einfach, aber wir hatten uns. Und ich nahm nur noch Methadon und keine Drogen mehr.

Wir planten damals sogar, nach Nordafrika zu fliegen, um die Familie von Said zu besuchen. Die Tickets hatten wir bereits gekauft. Am Tag der Abreise fuhr uns ein Freund an den Flughafen. Doch kaum waren wir dort angekommen, erlebte ich erneut eine Panikattacke. Nun war es offiziell: Ich hatte Flugangst. Said war natürlich sehr traurig, da er seine Familie nun doch nicht besuchen konnte – er hatte sie seit vielen Jahren nicht gesehen –, machte mir aber keine Vorwürfe. Und so blieben wir in Griechenland. Was, im Nachhinein betrachtet, wahrscheinlich gut war, denn in Saids Heimat kam es damals immer wieder zu heftigen Unruhen.

Fast hätte ich mir vorstellen können, für immer in Griechenland zu bleiben. Doch wie so oft im Leben kommt es anders, als man denkt. Nach zwei Monaten hatte ich das Methadon von täglich hundert Milligramm bereits auf vierzig reduziert. Doch – und das war das Elend – der Vorrat neigte sich dem Ende entgegen. Es würde nicht reichen, um auf null zu kommen. Wir versuchten, über einen Arzt oder das Krankenhaus an Methadon zu kommen, doch ohne griechische Krankenversicherung war das unmöglich. Als nichts mehr da war, bekam ich umgehend einen schrecklichen Entzug. Kalter Schweiß lief an mir hinunter, ich warf mich vor Nervosität hin und her, jede Stelle meines Körpers schmerzte. Ich konnte das unmöglich über mehrere Tage hinweg aushalten. Ich weinte vor Schmerzen und flehte Said an, nach Athen zu fahren und mir Heroin zu besorgen. Zuerst weigerte er sich, weil das Ziel doch schon so nah lag. Aber er ertrug es nicht, mich leiden zu sehen. Und so zog er los, um mir das, wonach mein Körper schrie, zu besorgen. Stoff.

Zweiundvierzig Kilo Lebendgewicht

Ich bin nicht gescheitert, ich habe nur zehntausend
Wege entdeckt, die nicht funktioniert haben.

Thomas Alva Edison

Die Drogenszene in Athen ist nicht mit der in der Schweiz
zu vergleichen. Sie ist viel düsterer und gewalttätiger. In Griechenland gibt es kein Sozialsystem, das mit dem schweizeri-
schen vergleichbar wäre. Die Süchtigen dort sind völlig auf sich
gestellt, und Kriminalität ist oft die einzige Möglichkeit, die
eigene Sucht zu finanzieren. So waren Diebstahl und Körper-
verletzungen im Drogenmilieu an der Tagesordnung. Said und
ich fuhren nun alle paar Tage nach Athen, um Heroin für mich
zu besorgen, und ja, wir waren immer sehr vorsichtig. Das
Geld, das er verdiente, reichte natürlich hinten und vorn nicht
aus für meine Sucht. Hinzu kam, dass er wegen der Fahrten
nach Athen auch seltener arbeitete. Allein zu fahren, wäre für
mich viel zu gefährlich gewesen, zumal ich kein Griechisch
sprach. Ich wäre sofort ausgeraubt, zumindest aber übers Ohr
gehauen worden.

Irgendwann konnten wir dann Saids Freunden unseren
Mietanteil nicht mehr bezahlen. Sein Chef bot uns daraufhin

sein Gästehaus an. Wir nahmen das Angebot dankend an. Die Bezeichnung Gästehaus war allerdings leicht übertrieben. Es gab keinen Strom, kein fließendes Wasser und außer einem offenen Kamin auch keine Heizung für die kältere Jahreszeit. Das Häuschen bestand aus zwei Zimmern, wovon nur eines halbwegs bewohnbar war. In diesem standen ein Bett und ein kleines Sofa. Beides alt und heruntergekommen, aber brauchbar. Die Toilette befand sich im hinteren Teil des Hauses. Da es kein fließendes Wasser gab, funktionierte auch die Spülung nicht. Wir benutzten dafür einen Kübel, den wir mit Wasser aus dem Gartenschlauch füllten. Kochen konnten wir natürlich auch nicht. Deshalb ernährten wir uns von Imbissstand-Essen. Da es auch keine Dusche gab, geschweige denn ein Badezimmer, putzten wir uns die Zähne mit Wasser aus dem Gartenschlauch. Zum Waschen machten wir das Wasser über dem Kaminfeuer warm.

Das alles konnte ich gut ertragen. Immerhin hatten wir ein Dach über dem Kopf und lebten nicht auf der Straße. Das größere Problem war, dass ich immer wieder auf Entzug kam und wir immer weniger Geld für Drogen hatten. In diesen Tagen griff ich tatsächlich zu Alkohol und versuchte, meine Schmerzen mit Wodka zu betäuben. Doch das funktionierte nicht. Denn nach einer Flasche lag ich zwar für zwei oder drei Stunden in einer Art Koma, doch danach wachte ich mit noch heftigeren Entzugsschmerzen auf. Wann immer Said an Geld kam, besorgte er mir Heroin.

Zwischendurch bat ich auch wieder meine Eltern, uns Geld zu überweisen, damit wir uns etwas zu essen kaufen konnten. Zumindest erzählte ich ihnen das. Das verschaffte uns ein paar Stunden oder sogar Tage Ruhe. Dieses Auf und Ab zerrte an mir. Nicht nur an meinen Nerven, sondern vor allem an meinem Körper. Bald wog ich nur noch zweiundvierzig Kilo. Denn wenn ich auf Entzug war, brachte ich keinen Bissen hinunter. Und wenn wir Geld hatten, gaben wir es sofort für meinen Stoff aus, für Essen blieb kaum etwas übrig. Zu diesem Zeitpunkt waren wir etwa drei Monate in Griechenland. Langsam rückte der Winter näher. Warme Kleidung hatten wir nicht und auch kein Geld, uns welche zu kaufen. Der hilfsbereite Chef von Said schenkte uns daraufhin zwei Jacken. Langsam, aber sicher realisierten wir, dass es so nicht weitergehen konnte.

Ich rief meine Eltern an, gestand ihnen, dass das Methadon nicht ausgereicht hatte und ich wieder Heroin nahm, und bat sie um Hilfe für unsere Rückreise. Da ich gar nicht mehr in der körperlichen Verfassung war, die lange Rückfahrt mit Fähre und Zug durchzustehen – auch das gestand ich ihnen –, holte mein Vater uns mit dem Auto ab. Das war unglaublich großzügig, denn es war eine enorm weite Reise für ihn. Doch wie immer war bei meinen Eltern die Sorge um mich größer als sämtliche Bedenken wegen des Aufwands. Said und ich fuhren ihm drei Stunden mit dem Bus entgegen nach Patras, wo er mit der Fähre ankam. Dort lud er uns ein, und wir fuhren nochmals ein paar Stunden weiter nach Igoumenitsa in den nächsten Hafen, weil dort noch am selben Tag eine Fähre nach Italien übersetzte. Endlich ging es zurück nach Hause!

Meine Eltern waren geschockt über meinen Zustand. So abgemagert und kraftlos hatten sie mich noch nie gesehen. Am nächsten Tag ging ich zu einer Ärztin. Da ich das Methadon in Griechenland schon recht weit reduziert hatte, dachte sie, dass der Entzug vielleicht nicht mehr so schlimm werden würde. Ich sollte es deshalb mit einem anderen Medikament versuchen. Sie verschrieb mir Lorazepam, ein Benzodiazepin mit sedierender Wirkung. Ich durfte es nach Hause mitnehmen, hielt mich dort aber nicht an ihre Vorgabe, das Medikament Tag für Tag zu reduzieren, denn ich hatte permanent Entzugserscheinungen, weshalb ich einfach die immer gleich hohe Anfangsdosis einnahm. So war eines Tages das Lorazepam fertig. Und ich so entkräftet, dass meine Eltern mich ins Spital brachten, wo ich prompt einen epileptischen Anfall bekam. Mein Vater bemerkte, dass ich torkelte, und fing mich im letzten Moment auf. Ich war wohl einige Minuten weg und fühlte mich beim Aufwachen eigenartig. Erstens konnte ich mich an nichts erinnern. Und zweitens war es, als hätte ich einen elektrischen Sturm im Kopf. Es war der erste und einzige epileptische Anfall in meinem Leben; ausgelöst wurde er durch das zu schnelle Absetzen von Lorazepam. Ich bekam im Anschluss das Medikament nochmals für einige Wochen verschrieben. Danach war der körperliche Heroinentzug geschafft. Doch ich brauchte noch einige Zeit, um mich vom Entzug, aber auch von dem epileptischen Anfall zu erholen.

Said und ich lebten in diesen Wochen in meinem alten Kinderzimmer im Haus meiner Eltern. Meine Brüder waren damals schon längst ausgezogen. Uns fehlte hier aber unsere Privatsphäre, deshalb planten wir, nach einer gewissen Zeit wieder nach Sankt Gallen zurückzukehren. Außerdem fühlte ich mich nicht wohl, wenn ich in Naters durch die Straßen ging. Ich dachte, alle Leute wüssten über mich Bescheid. Das nötige Selbstbewusstsein, das zu ertragen, hatte ich noch nicht, und davon, mich so zu akzeptieren, wie ich bin, war ich noch meilenweit entfernt. Wir wollten also zurück nach Sankt Gallen.

Wäre ich bei meinen Eltern geblieben, hätte ich den Ausstieg vielleicht schon damals geschafft. Und vieles Nachfolgende wäre nicht passiert. Doch wer weiß schon, ob ich nicht auch dort wieder abgestürzt wäre. Ab und zu fragt man mich heute noch, ob ich alles rückgängig machen würde, wenn ich könnte, und vor allem: was ich anders machen würde. Ja klar, hätte ich nie Drogen genommen, hätte ich vielleicht Sozialarbeit studiert. Und dann … hätte mich auf dem Weg zur Universität vielleicht ein Auto überfahren. Das hört sich jetzt vielleicht etwas brutal an, aber so denke ich wirklich. Wie gesagt, bin ich überzeugt, dass alles so war und ist, wie es sein soll. Meine Geschichte gehört zu mir. Ist ein Teil meines Lebens. Und ohne sie wäre ich nicht der Mensch, der ich heute bin.

Meine Eltern hätten uns damals gern noch etwas bei sich gehabt, um mich im Auge behalten zu können. Sie hatten sich auch gut mit Said verstanden, denn sie sahen, dass ich ihm wirklich am Herzen lag. Trotzdem konnten sie uns nicht aufhalten, es zog uns zurück nach Sankt Gallen. Ich versprach ihnen hoch und heilig, clean zu bleiben, und sie vertrauten mir einmal mehr. Da wir in Sankt Gallen noch keine Bleibe hatten, wohnten wir vorübergehend bei zwei Kollegen, die Said von früher kannte. Und ja, beide waren drogensüchtig. Du kannst dir denken, dass es nicht lang dauerte, bis auch ich wieder Heroin nahm. Ich glaube, es waren keine drei Tage. Einen Entzug durchzustehen, ist eben nur die halbe Miete, die Zeit danach ist mindestens genauso wichtig. Und wenn man sich da nicht von der Drogenszene fernhält, ist der nächste Rückfall programmiert.

Said fing also wieder an zu dealen, da wir keine Möglichkeit sahen, anderweitig an ausreichend Geld zu kommen. Ich meldete mich zusätzlich beim Sozialamt an, das uns eine einfache Einzimmerwohnung bezahlte. Es gab darin zwar kaum eine Rückzugsmöglichkeit, doch für uns passte es so. Wir brauchten nicht viel Platz, da wir nichts besaßen und seit Griechenland hauptsächlich aus unseren zwei Koffern lebten. Und immerhin hatten wir endlich wieder eine Wohnung für uns allein. Bei den zwei Kollegen von Said war die Stimmung immer angespannter geworden. Sie hatten von uns als Mietbeteiligung ständig mehr Drogen verlangt. Wir waren heilfroh, von ihnen wegzukommen.

Der Rammbock-Schock

Für die lernende Seele hat das Leben auch in seinen
dunkelsten Stunden einen unendlichen Wert.

Immanuel Kant

Für Said war es nicht leicht, zu akzeptieren, dass ich wieder Heroin nahm. Er verstand es nicht. Wollte aber verstehen, was das war, das mich nicht loskommen ließ. Und ja, er war auch neugierig. Also kam der Tag, an dem er selbst zum Heroin griff. Ohne mir etwas davon zu erzählen. Wie alle anderen erlag auch er den Glücksgefühlen. Er sagte es mir erst, als es schon zu spät war, er mit Entzugssymptomen aufwachte. Nun waren wir beide süchtig. Und dealten auch beide, um unseren Konsum und die Lebenshaltungskosten bezahlen zu können. Der teuflische Kreislauf begann von neuem.

Das Geldbeschaffen war durch das Dealen zwar auf eine Art leichter geworden – immerhin musste ich mich nicht mehr an fremde Männer verkaufen –, doch der psychische Druck war extrem hoch. Ständig hatte ich Angst, von der Polizei erwischt zu werden. Diese Angst begleitete mich wie ein Schatten. Alle paar Meter drehte ich mich um, achtete auf jedes Detail, scannte die Umgebung. Hatte ich diesen Mann nicht schon vor zehn Minuten gesehen? Verfolgte er mich? Und das rote Auto? Fuhr das nicht eben schon mal an mir vorbei? Wir waren zwar sehr vorsichtig, trafen uns mit den Kundinnen und Kunden immer weit entfernt von unserer Wohnung, wechselten regelmäßig die Telefonnummer und hielten ständig Ausschau nach der Polizei. Doch die Angst saß mir unablässig im Nacken. Vor allem wenn Said irgendwo neuen Stoff abholte. Dann saß ich zu Hause und wartete nervös, bis er wieder sicher zurück war.

Natürlich wusste ich, dass das, was wir taten, unrecht war. Und dass eines Tages alles über uns zusammenbrechen würde. Doch viele Monate ging es gut. Wir fanden sogar eine etwas größere günstige Wohnung, mit einem Schlafzimmer und einem Wohnzimmer, die wir uns gemütlich einrichteten. Und dann war er plötzlich da, dieser 4. Januar 2008. Das laute Hämmern, das Bersten der Tür. Die hereinstürmenden Polizisten. Die auf mich gerichtete Pistole. Wie hatte ich mich vor diesem Moment gefürchtet. In Handschellen musste ich zuschauen, wie sie unsere Wohnung auseinandernahmen. Wie sie Schränke ausräumten, Cornflakes-Packungen ausleerten, meine Unterwäsche durchwühlten und mit der Taschenlampe in jeden noch so dunklen Winkel leuchteten. Auf der Suche nach Drogen. Ein Polizist fragte mich währenddessen aus. Ich versuchte, die Fragen des Polizisten zu beantworten. Doch mein Kopf wollte nicht. Alles drehte sich. Wo war Said? Hatten sie auch ihn verhaftet? Ich konnte keinen klaren Gedanken fassen. Bat um eine Zigarette. Sie wurde mir verweigert. Wieder fragte der Polizist etwas. Ich verstand die Frage nicht. Er wiederholte: »Dealen Sie mit Heroin?« Mein Atem stockte. Aber ich brachte keine weitere Lüge hervor. Ich gab es zu, noch bevor ich mir weitere Gedanken machen konnte.

Stunden vergingen. Mir wurde immer elender. Langsam stellten sich auch die ersten Entzugserscheinungen ein. Kalter Schweiß lief mir den Rücken hinunter. Die Unruhe breitete sich in mir aus. Die Schmerzen begannen sich langsam durch meinen Körper zu fressen. Und keine Möglichkeit, sie zu stillen. Keine Möglichkeit, die Sucht zu befriedigen. Keine Möglichkeit, auszubrechen. Ich war gefangen. In mir selbst.

Die Polizisten fanden damals nur wenige Gramm Heroin. Doch sie besaßen offensichtlich Informationen, die ausreichten, um mich mitzunehmen. Sie zogen mich an den Armen vom Sofa hoch, meine Hände noch immer in Handschellen. Meine Haare waren zerzaust, meine Augen verquollen, auf den Wangen Spuren der Tränen. Die Wohnung blieb zurück, wie sie war. Die Tür ließ sich behelfsmäßig schließen, davor hatten die Polizisten jedoch ein Absperrband angebracht, sodass wirklich jede und jeder sehen konnte, dass die Polizei da gewesen war. Hier würde ich mich nie mehr wohlfühlen, zumal fremde Menschen in meine intimste Privatsphäre eingedrungen waren.

Die Fahrt zur Polizeistation war kurz. Die Gedanken in meinem Kopf überschlugen sich. Immerhin hatten sie mir inzwischen gesagt, dass Said schon auf dem Polizeiposten war. Sie verhörten mich daraufhin stundenlang. Natürlich versuchte ich, so wenig wie möglich zu sagen, denn ich hatte keinen Anwalt an meiner Seite. Said durfte ich nicht sehen. Ich rechnete damit, für lange Zeit hinter Gitter zu wandern, sah auf die Trümmer meines jungen Lebens und fühlte mich erbärmlich.

Gegen Mitternacht ließen sie mich völlig überraschend gehen. Said aber blieb in Untersuchungshaft. Für die Polizei war er – als Ausländer – der Dealer. Ich war mittlerweile voll auf Entzug. Doch wo sollte ich so spät noch Heroin auftreiben?

Ich ging zu Saids Kollegen, bei denen wir gewohnt hatten. Niemand machte auf. Viel später einmal erfuhr ich, dass sie es waren, die uns verpfiffen hatten. Sie waren mit Heroin erwischt worden und hatten ausgesagt, dass sie es von uns bekommen hatten. Damals war ich ziemlich angepisst deswegen. Heute denke ich anders darüber. Das Leben passiert halt einfach, und ich kann ihre Angst bei dem Verhör verstehen. Indem sie uns verrieten, konnten sie sich retten. Auf eine gewisse Weise ist das ja verständlich. In dieser Nacht ging ich also auf Entzug nach Hause. In eine Wohnung, in der das reine Chaos herrschte, mit einer Tür, die sich aufgrund der Rammbock-Delle nicht abschließen ließ. Zum Glück besaßen wir noch Geld. Die Polizei hatte es nicht gefunden, weil es außerordentlich gut versteckt war. So konnte ich mich die nächsten Wochen mit Heroin über Wasser halten.

Aber ich war extrem traurig. Denn obwohl wir eine Drogenbeziehung führten, fühlten Said und ich uns sehr miteinander verbunden. Er hatte immer auf mich aufgepasst und geschaut, dass es mir gut ging. Nun saß er in Untersuchungshaft, und ich konnte nichts dagegen unternehmen. Ich traute mich auch nicht, meine Eltern darüber zu informieren, was passiert war. Wie sollte ich ihnen erklären, dass ich nun auch noch dealte? Ich fühlte mich so einsam wie damals, als ich die Therapie antreten musste. Jeden Tag schrieb ich Said, einmal konnte ich ihn auch besuchen.

Immer wieder rief mich seine Familie an. Ich konnte leider nur ein paar Brocken Arabisch. Ich versuchte, ihnen beizubringen, dass ihr Sohn und Bruder verhaftet worden war. Irgendwann verstanden sie es. Und machten sich nun ebenfalls große Sorgen. Nach neununddreißig Tagen wurde Said endlich aus der Untersuchungshaft entlassen. Ich war so froh darüber, dass mir die Tränen die Wangen hinabströmten. Endlich waren wir wieder beisammen. Leider nahm er sofort wieder Heroin. Während der Untersuchungshaft hatte er Methadon bekommen. Dass er sofort wieder zu konsumieren anfing, war aber eigentlich logisch, da ja auch ich nach wie vor süchtig war.

Die Gerichtsverhandlung sollte erst in einigen Monaten stattfinden. Dann würde darüber entschieden, ob wir eine Haftstrafe bekämen. So lange blieben wir auf keinen Fall hier! Wir wollten so schnell wie möglich weg, und sei es nur für ein paar Wochen. Wir kauften ein günstiges Auto und fuhren los. Zurück nach Griechenland.

Spürhunde und ein teurer Anwalt

Auch wenn der Pfeil das Ziel nicht erreicht,
wirst du deine Treffsicherheit das nächste Mal
zu korrigieren wissen.

Paulo Coelho

In Nea Makri wohnten wir wie beim letzten Mal wieder bei Saids Bekannten. Doch nun waren sie nicht mehr so verständnisvoll. Nun bekamen wir den Balkon und den Küchenboden zugewiesen. Mich störte das nicht. Zu Beginn schliefen wir noch drinnen in der Küche. Es war etwa Anfang März. Doch die Nächte wurden schnell wärmer, und so verlegten wir unsere Schlafstätte auf den Balkon, wo wir mit einer warmen Decke auf dem ausziehbaren Sofa übernachteten. Es war herrlich, das Meer war nur eine Querstraße entfernt, und so schliefen wir mit Meeresrauschen ein.

Große Ansprüche hatte ich sowieso noch nie. Bis dato war mein einziger Anspruch, meine Sucht befriedigen zu können. Im Gegensatz zu unserem ersten Griechenlandaufenthalt war dieses Mal allerdings etwas anders: Wir waren *beide* abhängig, und Said arbeitete nicht. Wir lebten damals von dem Geld, das die Polizei nicht gefunden hatte. Ich glaube, es waren mehrere zehntausend Franken. Die ersten zwei Monate funktionierte das gut. Tagsüber fuhren wir oft nach Athen, um uns Drogen zu beschaffen. Abends fuhren wir mit unserem Auto oft in die Hügel oberhalb von Nea Makri. Dort lag ein Flüchtlingsdorf, in dem Said etliche Freunde hatte. Die meisten Menschen dort lebten in einfachen Zelten oder Blechhütten. Strom bezogen sie aus Generatoren. In der Mitte des Dorfes gab es einen großen Platz, wo man sich abends traf. Hier gab es viele alleinstehende Männer, aber auch einige Familien mit Kindern. Sie alle lebten von der Hand in den Mund. Hilfe vom Staat gab es keine. Es war ein sehr trauriger Ort.

Einer von Saids Freunden betrieb dort unter freiem Himmel eine Art Autowerkstatt, in der alles behelfsmäßig repariert werden konnte. Hier verdiente Said sich hin und wieder etwas dazu. Das kam uns gerade recht, denn unser Geld schwand dahin. Lang würde es nicht mehr reichen. Und da wir kein Ende erleben wollten wie bei unserem letzten Aufenthalt, fassten wir nach etwa drei Monaten den Entschluss, zurückzufahren.

Schon an der Fähre, die uns und unser Auto nach Italien bringen sollte, gab es allerdings Probleme. Für die Rückreise hatten wir uns genügend Heroin besorgt, das wir in der Ummantelung des Schalenkoffers versteckten. Da Said aus Nordafrika stammte, war es jedoch trotz seiner Schweizer Aufenthaltsgenehmigung schwierig, überhaupt auf die Fähre zu gelangen. Allein aufgrund seiner äußerlichen Merkmale galt er bei der Polizei bereits als verdächtig. Das nennt man Racial Profiling. Sie kontrollierten uns, und Drogenspürhunde durchsuchten das ganze Fahrzeug. Sie schlugen an. Die Drogen fanden sie zwar nicht, aber in meiner Handtasche lag ein Röhrchen aus Aluminiumfolie, das zum Heroinrauchen diente.

Darauf befanden sich noch Restspuren der Droge. Wir wurden auf den Polizeiposten von Patras gebracht.

Zuerst wollten sie mich allein mit fremden Männern in eine Zelle stecken, da sie das Röhrchen bei mir gefunden hatten. Said hätte theoretisch gehen können. Doch niemals hätte er mich in dieser Situation allein gelassen. Er bettelte so lange, bis die Polizisten einwilligten, dass er bei mir bleiben durfte. Ich musste nicht in die Zelle, stattdessen legten sie uns eine Matratze in eine Ecke des Polizeibüros. In der Nacht bekamen wir Entzugserscheinungen. In einem unbeobachteten Moment hatte Said jedoch geistesgegenwärtig das Heroin, das die Polizei nicht gefunden hatte, im Bund seiner Hose versteckt. Es war nur ein einziger Polizist im Büro, und der merkte nicht, dass wir heimlich etwas durch die Nase hochzogen.

Ich rief meine Eltern an, die sofort über die Schweizer Botschaft einen Anwalt organisierten, und erklärte ihnen, dass in meiner Tasche ein altes Drogenutensil gefunden worden sei, von dessen Existenz ich selbst nichts mehr gewusst hätte. Der Anwalt wollte sein Geld schon im Voraus haben. Sage und schreibe viertausend Euro. Meinen Eltern blieb nichts anderes übrig, als das geforderte Geld zu überweisen. Sonst wäre ich wohl nicht so bald aus Griechenland rausgekommen.

Am nächsten Tag musste ich frühmorgens in Patras vor Gericht erscheinen. Das war eine ganz eigenartige Erfahrung. Es wurde nicht nur mein Fall verhandelt, sondern vor meinem noch zig andere. Alles auf Griechisch, ich verstand kein Wort. Und durfte den Gerichtssaal auch nicht verlassen. Es wurde Nachmittag und langsam Abend. Ich hatte längst wieder Entzugserscheinungen, versuchte mich aber, so gut es ging, zusammenzureißen. Endlich war ich an der Reihe. Es gab aber keinen Übersetzer vor Ort, und der Anwalt war mir in dieser

Beziehung auch keine Hilfe. Ich hatte keine Ahnung, was der Richter sagte. Am Ende der Verhandlung – sie dauerte fünf oder zehn Minuten – durfte ich gehen. Und eigentlich hatten sie ja auch nicht wirklich viel gegen mich in der Hand, sie hatten ja nur ein Utensil für den Drogengebrauch bei mir gefunden. Vom Stoff selbst wussten sie nichts. Am nächsten Tag nahmen wir die Fähre nach Italien.

Die Fahrt verlief danach ohne Probleme. Als wir endlich beim Simplon an der Grenze ankamen, war es schon Nacht. Und prompt hielten uns die Schweizer Zöllner an. Das war wieder Racial Profiling. Ich konnte auch später nirgends mit Said hinreisen, ohne dass man ihn von oben bis unten filzte. Hier war nun das Problem, dass sie seinen Führerschein nicht anerkannten. Es war ein internationaler Führerschein, den ihm sein Bruder, immerhin ein Polizist, bei der zuständigen Behörde hatte ausstellen lassen. Wir wurden also nach Brig-Glis gebracht, der ersten Stadt auf Schweizer Boden, und dort auf dem Polizeiposten verhört – genau, es war der, den ich bereits in meiner frühen Jugend von innen kennen gelernt hatte. Allerdings konnte ich nicht viel zum Sachverhalt sagen. Said blieb dabei, dass der Führerschein echt war. Er wurde ihm trotzdem entzogen. Wieder einmal brauchten wir die Hilfe meines Vaters, denn jemand musste das Auto nach Hause fahren.

In meinem Elternhaus gab es zwei Wohnungen. In der unteren befand sich noch immer das Atelier meiner Mutter. Diese Wohnung boten sie uns nun an. Meine Mutter würde sich dann ein Atelier in Brig mieten. Beide wollten uns in ihrer Nähe haben. Wollten uns helfen. Ihr Angebot nahmen wir aber erst später an. Wir versuchten es zunächst noch einmal in Sankt Gallen, wo wir auch direkt wieder dealten. Wir sahen nicht, wie wir anders an Geld hätten kommen können. Zumal es für Said auch aufgrund seiner Religion nie infrage gekommen wäre, dass ich mich an andere Männer verkaufte. Wir dealten zwar nicht mehr mit so großen Mengen, sondern verkauften kleine Portionen auf der Straße, gerade ausreichend, um unsere Sucht zu finanzieren. Die Angst, erwischt zu werden, wurde aber schnell wieder unerträglich. Außerdem fühlte es sich falsch an, es war offensichtlich, dass wir dadurch nur alles noch schlimmer machten. Nach ein paar Wochen war uns definitiv klar, dass es so nicht weitergehen konnte, dass wir in Sankt Gallen keine gute Zukunft haben würden. Und so beschlossen wir, ins Wallis zu ziehen und endgültig mit den Drogen aufzuhören.

Ich beichtete meinen Eltern, wie uns die Polizei in Sankt Gallen verhaftet hatte, dass ich immer noch süchtig war und Said ebenso. Meine Mutter machte uns daraufhin erneut das Angebot, in ihr Atelier zu ziehen. Meine Eltern hatten mir immer gesagt, dass die Tür jederzeit offen stünde, wenn ich zurückkommen und ein neues Leben beginnen wolle. Dafür bin ich ihnen noch heute sehr dankbar.

Said und ich lösten die Wohnung in Sankt Gallen auf. Mein Vater kam uns beim Umzug zu Hilfe. Das war Ende 2008, ich war mittlerweile vierundzwanzig Jahre alt. Er organisierte einen Bus, wir luden die Möbel ein, fuhren in meine alte Heimat und zogen in das Haus, in dem ich eine glückliche Kindheit verbracht hatte.

Said begann sofort, die kleine Wohnung zu renovieren. Da meine Mutter in ihr über viele Jahre ihre Bilder gemalt hatte, war der Fußboden farbenfroh gesprenkelt. Er verlegte einen Laminatboden, strich die Wände, und wir platzierten unsere Möbel, die wir aus Sankt Gallen mitgebracht hatten. Unser neues Zuhause. Ich hatte das Gefühl, heimzukommen. Und direkt nach unserer Ankunft im Wallis hatten wir einen Termin im Psychiatriezentrum Oberwallis bei einer Ärztin bekommen, die uns im Methadonprogramm unterbrachte.

Von dem Zeitpunkt an dachten meine Eltern, dass wir keine Drogen mehr nahmen. Dem war aber nicht so.

Eine Maus im Rampenlicht

Die Kunst eines erfüllten Lebens ist die Kunst des Lassens:
Zulassen, Weglassen und Loslassen.

Ernst Ferstl

Eines Morgens früh um sieben Uhr – wir wohnten seit
einigen Wochen in Naters – stand plötzlich mein Vater in
unserer Wohnung. Mit der Walliser Polizei. Sie hatten den
Auftrag, uns zu verhaften. Ich konnte es nicht fassen, denn
irgendwie hatte ich gehofft, mit dem Umzug ins Wallis alles,
was in Sankt Gallen geschehen war, hinter mir gelassen zu
haben. Doch ich musste mich in mein Schicksal fügen. Die
Polizei nahm uns mit auf den Polizeiposten in Brig-Glis. Es
hätten sich in unserem Fall neue Details ergeben, hieß es dort.
Said und ich wurden in verschiedene Zellen gebracht und am
nächsten Tag mit einem Gefangenenzug nach Sankt Gallen
verlegt. Dort wurden wir verhört. Es ging um die kurze Zeit,
die wir zwischen unserer Rückkehr aus Griechenland und
dem Umzug nach Naters in Sankt Gallen verbracht hatten. Die
Polizei wusste inzwischen, dass wir dort wieder mit Kleinmengen gedealt hatten. Leugnen war zwecklos. Ich gestand.
Danach durfte ich gehen, da sie keine Verdunkelungsgefahr

sahen. Said gab es nicht sofort zu und verbrachte deshalb zwei Tage länger in Polizeigewahrsam. Dann durfte auch er zurück ins Wallis.

Obwohl wir fest daran geglaubt hatten, dass wir es in der neuen Umgebung schaffen würden, die Drogen hinter uns zu lassen, waren wir noch immer nicht clean. Wir waren zwar im Methadonprogramm, doch wie gewohnt, half das nur gegen die Entzugserscheinungen, nicht gegen die Sucht. Und so reisten wir mehrmals in der Woche nach Bern, um Heroin zu besorgen. Immerhin aber fanden wir mithilfe meiner Eltern nach einiger Zeit eine Arbeit für Said. Ein erster Fortschritt. Er arbeitete fortan als Hilfskraft auf dem Bau. Obwohl wir keine Miete zahlen mussten, reichte sein Verdienst für das, was wir brauchten, nicht aus. Wie auch? Dazu kam, dass ich in meinem von der jahrelangen Drogensucht geschwächten Zustand unmöglich arbeiten konnte. Während Said bei der Arbeit war, beschaffte ich uns die Drogen. Ein Déjà-vu. Mit der Zeit begann ich, nun auch in Bern auf der Straße kleine Mengen Heroin zu verkaufen. Natürlich wussten meine Eltern nichts davon. Offiziell waren wir ja beide im Methadonprogramm. Ich weiß nicht, wie wir es schafften, das geheim zu halten. Nach einem halben Jahr war jedoch Schluss, das Lügengebäude krachte endgültig über uns zusammen.

Wieder einmal hatten wir kein Geld für Drogen, und die Methadondosis, die wir aus der Apotheke bekamen, reichte nicht, um einen Entzug zu verhindern. Ich war völlig am Ende und so verzweifelt, dass ich meinen Vater um Geld bat. Ohne Ausflüchte. Ich sagte ihm offen, wozu ich das Geld benötigte. Für Heroin. Die riesige Enttäuschung im Gesicht meiner Eltern war der berühmte Tropfen, der das Fass zum Überlaufen brachte. Ich brach weinend zusammen. Ich konnte nicht mehr, nicht nur wegen der Entzugssymptome. Plötzlich wurde ich von unzähligen Gefühlen überschwemmt. Und alles kam aufs Mal. Ich schämte mich unendlich vor meinen Eltern. Schon wieder hatte ich ihre Hoffnung zerstört. Schon wieder hatte ich sie belogen. Schon wieder enttäuscht. Zudem hatte die langjährige Sucht mir sämtliche Kräfte geraubt. Nach all den Jahren, all den Schmerzen, dem ewigen Kreislauf aus Geld- und Drogenbeschaffen war ich am Ende, hatte keinerlei Energie mehr. Ich konnte dieses Leben unmöglich so weiterführen. Ich war fünfundzwanzig Jahre jung und am absoluten Tiefpunkt angelangt.

Schlagartig stand mir klar vor Augen, dass ich genau zwei Möglichkeiten hatte. Die eine war, mir das Leben zu nehmen. Die andere, mit den Drogen aufzuhören. Denn so würde ich kein weiteres Jahr überstehen. In dem Moment spürte ich das instinktiv. Ich war nur noch ein Schatten meiner selbst. Eigentlich nicht einmal mehr das. Eine leere menschliche Hülle ohne jegliche Kraft. Und genauso unerwartet, wie dieser Moment gekommen war, brachen nun auch all diese unterdrückten Gefühle aus mir heraus. Ich ließ alles los. Ließ meinen Tränen freien Lauf. Gab mich meinem Schmerz hin. Akzeptierte meine Ängste. Ließ mich fallen. Und indem ich losließ, ließ ich zu. Ließ zu, dass es weitergehen konnte.

Ich hatte schon mehrfach versucht, von den Drogen loszukommen. Dieses Mal fühlte es sich einfach und endgültig an. Zwar gab mir mein Vater tatsächlich das Geld für Heroin, und ich kaufte es auch, um vom Entzug wegzukommen. Anderntags vereinbarte ich aber einen Termin bei meiner Ärztin. Sie passte die Methadondosis an, und von einem Tag auf den anderen nahm ich kein Heroin mehr. Schluss. Aus. Punkt. Das wars. Auch Said hörte auf.

Die ersten Wochen nach meinem letzten Heroinkonsum war ich noch sehr schwach. Oftmals reichten meine Kräfte kaum zum Duschen aus. Nach meinem täglichen Gang in die Apotheke, wo ich das Methadon bekam, verbrachte ich den Tag zu Hause. Das hört sich jetzt vielleicht an, als ob ich faul gewesen wäre. Doch dem war nicht so. Psychisch und auch physisch musste ich mich erst an ein Leben ohne Heroin gewöhnen. Schließlich war ich seit Ende der Therapie in Lutzenberg wieder süchtig, also sieben Jahre lang. Hinzu kam, dass ich auch gar nicht wusste, was ich mit meinem Leben anfangen sollte. Mein ganzes bisheriges Erwachsenenleben hatte sich nur um die Sucht gedreht. Da war null Raum für anderes. Und so war da plötzlich diese Leere, die es zu füllen galt. Außerdem hatte ich sehr mit meinen Minderwertigkeitsgefühlen zu kämpfen. Ich fühlte mich nicht als ein vollwertiges Mitglied der Gesellschaft, sah mich als Versagerin. Ich hatte noch nichts erreicht in meinem Leben. Und ich traute mir auch nicht zu, je etwas erreichen zu können. Ich hatte regelrecht Angst vor anderen Menschen und davor, von ihnen verurteilt zu werden. Wenn ich aus dem Haus ging, dann stets mit gesenktem Kopf, den Blick auf den Boden gerichtet. Am liebsten wäre ich unsichtbar gewesen. Es dauerte lange und bedurfte einer hartnäckigen Auseinandersetzung mit mir selbst, bis ich diese Gefühle überwinden konnte.

Eines Tages aber hatten meine Eltern eine sehr gute Idee. Sie zeigten mir einen Prospekt, der für eine Ausbildung zur medizinischen Sekretärin im Fernstudium warb. Zum Arbeiten fühlte ich mich noch nicht kräftig genug, aber zu Hause in meinem eigenen Tempo lernen, das passte sehr gut. Ich griff zu. Meine kaufmännische Ausbildung half mir dabei weiter, denn sie deckte den Teil der Ausbildung ab, in dem es um die

Sekretariatsarbeiten ging. Den anatomischen Teil, also Aufbau und Funktionen des menschlichen Körpers, und die vielen medizinischen Fachbegriffe lernte ich mit großem Interesse.

Said war es ebenfalls recht, dass ich ein Fernstudium machte und nicht irgendwo zur Arbeit ging. Denn da, wo er herkam, blieben die Frauen zu Hause und kümmerten sich um Haushalt und Kinder, während der Mann das Geld nach Hause brachte. Ich war anderer Meinung, doch seine Einstellung störte mich in dem Moment nicht. Noch nicht.

Inzwischen schrieben wir das Jahr 2009. Und ich entdeckte in einem Schweizer Programmfenster auf Pro Sieben die Show »Faces TV«, in der Frauen ein neues Aussehen verliehen bekamen. Wer gern etwas an seinem Äußeren verändern wollte, konnte sich melden. Ich fand das eine passende Idee. Denn nach der Drogensucht und den ersten Monaten ohne Heroin wollte ich mich nur zu gern verändern. Wahrscheinlich glaubte ich, dass, wenn sich äußerlich etwas veränderte, sich vielleicht auch innerlich etwas tat. In der Vorauswahl kam ich tatsächlich unter die ersten zehn und durfte zum Casting. Es war eine sehr ungewohnte Situation für mich, im Mittelpunkt zu stehen, fiel mir schwer. Zumal jede Frau etwas aus ihrem Leben erzählen sollte und begründen musste, warum sie eine Veränderung wollte. Was blieb mir anderes übrig, als über meine Drogengeschichte zu reden? Ich stand schüchtern vor dem Produktionsteam, gestand meine Sucht und erzählte natürlich auch, dass ich seit einigen Monaten clean war. Ich wurde ausgewählt. Und kurz danach fingen auch schon die Dreharbeiten in Zürich an. Drei Tage lang drehten wir. Man filmte, wie ich Kleider anprobierte, Schuhe aussuchte und Schmuck umlegte, wie meine Haare geschnitten wurden, wie ich Locken und einen Pony verpasst bekam und natürlich ein passendes

Make-up. Am dritten Tag bekamen die Zuschauerinnen und Zuschauer am Fernseher das Ergebnis präsentiert.

Damit ich abends nicht allein in einem Hotel herumsitzen musste und dabei vielleicht noch auf dumme Gedanken käme, hatte ich bei einem Mitglied der Produktion übernachten dürfen. Überhaupt gab sich das Team während der ganzen Zeit sehr große Mühe und kümmerte sich gut um mich. Leider brachte die Veränderung meines Äußeren nicht den erhofften Erfolg: Mein Selbstbewusstsein wuchs nicht. Zumal ich mir wie verkleidet vorkam. Doch wie sollte das Produktionsteam auch wissen, welcher Typ Mensch ich war, wenn ich das selbst gar noch nicht wusste? Trotzdem war das Finale schön, und alle freuten sich für mich.

Nach meiner Rückkehr gab ich auch ein Interview in der Lokalpresse. Man fragte das eine oder andere über die Sendung und wie es mir gefallen habe, und natürlich sprach man mich auch auf die Zeit meiner Sucht an. Ich antwortete damals, so gut ich eben konnte, aber innerlich schämte ich mich und mochte eigentlich nicht öffentlich darüber sprechen. Noch nicht. Die Reaktionen auf die Sendung und das Interview waren jedoch alle sehr positiv, und falls es negative gab, erfuhr ich es nicht. Alle gratulierten mir zu meinem Drogenausstieg. Und klar, das machte mich schon ein wenig stolz. Gleichzeitig war ich aber auch überfordert von der Situation. Denn eigentlich fühlte ich mich alles andere als stark. Tief im Innern war ich eine kleine graue Maus, ohne Selbstwertgefühl, ohne Selbstsicherheit und ohne Selbstliebe.

Gefängnis oder Freiheit

Manchmal zeigt sich der Weg erst,
wenn wir anfangen, ihn zu gehen.

Paulo Coelho

Und dann war es so weit. Die Vorladung zur Gerichtsverhandlung wegen unserer Verhaftung vor eineinhalb Jahren in
Sankt Gallen traf ein. Die Verhandlung fand am 7. September
2009 im dortigen Kreisgericht statt. Said und mir wurde ein
Pflichtverteidiger zur Seite gestellt. Wir hatten Glück, denn
es war ein super Anwalt. Ich war an dem Tag sehr nervös. All
meine Ängste kamen wieder hoch. Während der Verhandlung
konnte ich kaum still sitzen. Ich glaube nicht, dass ich jemals
zuvor – auch nicht danach – so eingeschüchtert war. Mir war
kalt. Mein Blut schien in den Adern zu gefrieren. Immerhin
ging es hier um meine Zukunft. Gefängnis oder Freiheit. Der
Staatsanwalt trug die mir zur Last gelegten Taten vor:
Widerhandlung gegen das Bundesgesetz über die Betäubungsmittel im Sinne eines schweren Falles (das betraf den
Verkauf von Heroin),
mehrfache Übertretung des Bundesgesetzes über die Betäubungsmittel (das betraf den Besitz von Heroin),

Betrug (das betraf die Sozialhilfe, da wir neben dieser auch finanzielle Unterstützung von meinen Eltern erhielten), Überlassen eines Motorfahrzeugs an einen Führer ohne Führerausweis (das betraf das Fahrzeug, das Said fuhr, aber auf mich angemeldet war).

Der Staatsanwalt forderte, mich in allen Punkten schuldig zu sprechen, und verlangte eine Freiheitsstrafe von zwanzig Monaten, sechs davon unbedingt, die restlichen vierzehn bedingt, unter Ansetzung einer Bewährung von vier Jahren. Außerdem sollte mir eine Buße von tausend Franken auferlegt werden und die Hälfte der Verfahrenskosten. Unser Verteidiger hielt dagegen und wies darauf hin, dass ich mittlerweile den Ausstieg aus den Drogen geschafft hatte. Zudem beantragte er, dass ich vom Vorwurf der Widerhandlung gegen das Betäubungsmittelgesetz sowie des Betrugs freizusprechen sei. Er plädierte für eine bedingte Freiheitsstrafe von acht Monaten und eine Bewährung von zwei Jahren. Für Said lautete die Anklage und das geforderte Strafmaß ähnlich.

Nach den Schlussplädoyers folgten bange Minuten. Ich zitterte vor Angst, während ich auf mein Urteil wartete. Und dieses Mal zeigte ich das auch. Spielte nicht wie damals vor dem Jugendrichter die Coole. Ich war mir sehr bewusst, dass ich eine schwere Straftat begangen hatte. Dennoch hoffte ich auf Verständnis. Denn ich hatte nicht aus krimineller Gier mit Drogen gehandelt. Es war für mich lediglich ein Weg, meine Sucht zu finanzieren, ohne dass ich mich prostituieren musste. Es war das kleinere Übel. Natürlich verstieß ich gegen das Gesetz, wenn ich Drogen verkaufte, für mich war es aber tausendmal schlimmer, meinen Körper zu verkaufen, denn damit verkaufte ich auch meine Seele.

Dann endlich hatten die Richter ihr Urteil gefällt. Mein Herz pochte bis zum Hals. Nach den ersten Worten ließ die Anspannung jedoch nach. Denn die Richter anerkannten, dass ich den Verkauf von Heroin nicht bandenmäßig betrieben, sondern nur meine Sucht damit finanziert hatte. Ebenso anerkannten sie, dass ich von der Drogenszene fortgezogen war und mich auf einem guten Weg befand. Außerdem wurde ich vom Vorwurf der mehrfachen schweren Widerhandlung gegen das Betäubungsmittelgesetz freigesprochen. Ebenso vom Betrugsvorwurf, da ich beim Sozialamt nie ein Geheimnis daraus gemacht hatte, dass meine Eltern mir hin und wieder etwas Geld gaben. Schuldig gesprochen wurde ich allerdings der mehrfachen Übertretung des Betäubungsmittelgesetzes und dafür, das auf mich gemeldete Auto einem Fahrer ohne Führerausweis überlassen zu haben. Am Ende bekam ich eine bedingte Freiheitsstrafe von neun Monaten mit einer Bewährung von vier Jahren. Würde ich während dieser Zeit wieder straffällig werden, müsste ich die Gefängnisstrafe absitzen. Zudem wurde eine Buße in Höhe von fünfhundert Franken verhängt, und ich musste zwei Drittel der Verfahrenskosten tragen, das waren knapp achttausend Franken. Saids Strafmaß lautete ähnlich.

Die Richter zeigten uns mit der Bewährungsstrafe, dass sie unsere Fortschritte sehr anerkannten, wir aber trotzdem eine Straftat begangen hatten. Said und ich waren unglaublich erleichtert. Wir durften das Gerichtsgebäude als freie Menschen verlassen, mussten nicht ins Gefängnis. Eine tonnenschwere Last fiel von meinen Schultern. Auch meine Eltern freuten sich riesig, dass ich nicht weggesperrt wurde. Denn das hätte all meine Fortschritte zunichtegemacht. Nun konnte ich endlich mit der Vergangenheit abschließen, einen Schlussstrich ziehen und alles hinter mir lassen.

Leider schien dem Staatsanwalt das Urteil zu mild, und er legte Berufung ein, sodass ich ein Jahr später nochmals vor Gericht musste. Erneut wurde ich vom Vorwurf des Betrugs freigesprochen, weil ich das Amt nicht arglistig getäuscht hatte. Da die verkaufte Menge Heroin jedoch die Grenze zu einem schweren Fall überschritten hatte, erhöhte sich die Strafe von neun auf zwölf Monate. Alle anderen Urteilssprüche blieben gleich. Und da, wie der Richter betonte, die Voraussetzungen zur Gewährung des bedingten Strafvollzugs erfüllt und die persönlichen Verhältnisse stabil seien, brauche es nach wie vor keine unbedingte Freiheitsstrafe, um mich von weiterer Delinquenz abzuhalten. Somit konnte ich auch an diesem Tag den Gerichtssaal als freie Frau verlassen. Die Bewährungszeit von vier Jahren allerdings blieb.

Ein Schritt in Richtung Zukunft

Ganz gleich, wie beschwerlich das Gestern war,
stets kannst du im Heute von neuem beginnen.

Siddhartha Gautama

Das neue Leben ohne Sucht war großartig. Jeden Morgen
ging ich in die Apotheke, um meine Dosis Methadon zu trinken. Endlich war ich dem zermürbenden Teufelskreis ent-
kommen. Und so langsam kehrten auch meine körperlichen
Kräfte zurück. Leider wirkte sich das neue Leben aber auch
auf die Beziehung zwischen Said und mir aus. Die kulturellen
Unterschiede bekamen mehr und mehr Gewicht. Er sah es
nicht gern, wenn ich mich mit anderen Männern unterhielt
oder wenn ich kurze Röcke trug. Und er wollte, dass ich zu
Hause blieb. Er war extrem eifersüchtig. Das war zwar auch
vorher schon so, allerdings hatte ich da wegen meiner Sucht
ganz andere Sorgen. Doch nun verspürte ich den Drang, endlich etwas aus meinem Leben zu machen. Plötzlich stritten
wir uns nur noch. Und es kam, wie es wohl kommen musste.
Wir trennten uns, Said zog aus. Eines ist mir aber wichtig,
festzuhalten: Wer denkt, Said sei ein schlechter Mensch, weil
er gedealt hatte, irrt sich. Er selbst hatte einen sehr schweren

Weg gehen müssen. Hatte Krieg, Flucht und Armut erlebt. Und in all den Jahren, in denen wir ein Paar waren, stand mein Wohlergehen für ihn immer an erster Stelle.

Nach unserer Trennung war ich völlig frei. Konnte mir ein neues Leben aufbauen und zu der Person werden, die ich eines Tages zu sein erhoffte. Freundinnen oder Freunde hatte ich im Wallis bis dahin noch keine gefunden. Ich war zu lange weg gewesen, und mit den Menschen aus meiner Jugendzeit hatte ich keinen Kontakt mehr. Zudem hatte ich mich lange Zeit allein auf meine Partner gestützt. Und in einem Leben als Süchtige hat man nun mal keine Zeit für echte Freundschaften. Da ich plötzlich ganz allein war, fühlte ich mich in meine Kindheit und frühe Jugend zurückversetzt.

Mein Bruder Leander erklärte sich damals bereit, ab und zu mit mir auszugehen. Das war schön. Und an einem dieser Abende lernte ich in einer Bar auf dem Stadtplatz in Brig Leo kennen. Er kam eigentlich aus Belgien, lebte aber schon länger in der Schweiz, und war wohl das, was man als einen gut aussehenden Mann bezeichnen würde. Groß, dunkle Haare, gut gebaut. Leander kannte ihn und stellte ihn mir vor. Ich blieb also nicht lang allein. Leo wurde mein neuer Partner, kaum zwei Monate nach der Trennung von Said. Damals war ich froh darum, denn ich wollte auf keinen Fall allein sein. Es wäre aber vermutlich besser gewesen, wenn ich mir mehr Zeit mit und für mich selbst gelassen hätte. Wenn ich mich erst einmal allein auf den Weg gemacht hätte, um herauszufinden, wer ich eigentlich war und wohin mich mein Leben führen sollte. Nun ja, es kam anders.

Leo hatte nie etwas mit Drogen am Hut. Das fand ich toll. Außerdem verdiente er gut und hatte eine schöne Wohnung. Volltreffer, dachte ich, endlich mal ein Mann, der nicht aus der Drogenszene kommt. Es gab aber ein Problem, das ich zu Beginn nicht erkennen wollte. Er trank regelmäßig Alkohol. Und obwohl ich bis dahin selbst kaum getrunken hatte – wenn man von dem Wodka in Griechenland absah –, trank ich mit. Das passiert leider sehr häufig: Die große Leere, die nach einer Sucht entsteht, versuchen Süchtige nicht selten mit Alkohol zu füllen. Es war allerdings nicht so, dass ich schon morgens die Flasche ansetzte, doch die abendliche halbe Flasche Rotwein wurde Alltag.

Es ging nicht lange, bis Leo bei mir einzog. Auch er hatte sich kurz zuvor von seiner Partnerin getrennt und wollte nicht in der nun viel zu großen Wohnung bleiben. Eigentlich wusste ich, dass es nicht gut war, so schnell nach der Trennung von Said einen anderen Mann einziehen zu lassen. Doch ich tat es.

Die Ärztin, bei der ich immer noch im Methadonprogramm war, half mir in jenem Jahr 2011, als medizinische Sekretärin im Krankenhaus von Brig einen Praktikumsplatz zu bekommen. Das war mein erster Schritt in Richtung Arbeitsleben. Das Praktikum war auf ein Pensum von fünfzig Prozent ausgelegt, mehr hätte meine körperlichen Kräfte noch überstiegen. Ich arbeitete dort auf der onkologischen Station. Und es machte mir wirklich viel Freude. Ich half, die Sprechstunden für die Ärztinnen und Ärzte vorzubereiten, legte ihnen die Patientenakten bereit und arbeitete im täglichen Betrieb mit. Die zum Teil sehr schweren Schicksale auf der Station zeigten mir, wie viel andere in ihrem Rucksack herumtrugen. Ich hatte großen Respekt davor, wie die Krebskranken mit ihrer Situation umgingen. Im Gegensatz zu ihnen war ich ja an meinem Schicksal selbst schuld – zumindest sah ich das damals so. Heute weiß ich, dass auch Sucht eine Krankheit ist und dass niemand sich dieses Leben freiwillig aussucht.

Das Praktikum war auf sechs Monate begrenzt. Da ich länger bleiben wollte und auch mein Arbeitgeber sehr zufrieden war mit mir, wurde es um drei Monate verlängert. Ich war überglücklich. Ach ja, dass ich das nicht vergesse: Zu der Zeit machte ich auch den Führerschein. Zwar fiel ich bei der ersten Prüfung durch (ich versagte beim Rückwärtsfahren auf einer sehr schmalen, sehr kurvigen Bergstraße). Doch beim zweiten Mal hats funktioniert.

Am letzten Tag meines Praktikums weinte ich bitterlich. Ich hatte mich auf der Station sehr wohl gefühlt, und wieder ohne Arbeit dazustehen, schien mir ein großer Rückschritt zu sein. Nach der akuten Suchtphase ist ein geregelter Tagesablauf sehr wichtig, sonst fällt man schnell in alte Muster zurück. Das hatten wir in der Therapie schon ganz am Anfang gelernt, und exakt davor fürchtete ich mich jetzt. Außerdem wollte ich Fortschritte in meinem Leben machen, keine Rückschritte. Wieder einmal eilte mir mein Vater zu Hilfe.

Fast sein ganzes Arbeitsleben hindurch war er als Journalist tätig und hatte gute Kontakte in der Medienlandschaft. Unter anderem kannte er den Chef der »Regionalzeitung Aletsch Goms« in Fiesch. Er fragte ihn, ob er nicht einen Platz für mich habe. Ich hatte zwar noch keine journalistische Erfahrung, aber immer schon sehr gern geschrieben. Und bereits als kleines Kind hatte ich meinem Vater erklärt, dass ich eines Tages auch Journalistin werden würde. Der Chef der Regionalzeitung willigte ein.

Fiesch war mit dem Zug etwa eine halbe Stunde von Brig entfernt. Auch dort hatte ich nur eine Fünfzig-Prozent-Stelle, mehr wäre nicht möglich gewesen, da ich noch immer jeden Morgen bei der Apotheke vorbeimusste, um mein Methadon zu erhalten. Während des langwierigen Abbaus wäre es zudem nicht sinnvoll gewesen, mich kopfüber in Arbeit zu stürzen. Ich musste die mühsam wiedererlangten Kräfte schonen.

Mein neuer Chef führte mich langsam in die Medienarbeit ein und übertrug mir zunächst einfache Aufgaben. Einen kurzen Text schreiben oder seine handschriftlich verfassten Artikel abtippen. Nach und nach bekam ich dann wichtigere Aufgaben. Ich durfte erste Interviews führen oder auch Medienkonferenzen besuchen, was allerdings für mich ziemlich schwierig war. Ich empfand mich ja immer noch nicht als ein wertvolles Mitglied der Gesellschaft. Ich glaubte nach wie vor, eine Versagerin zu sein. Und ich schämte mich plötzlich auch für meine Tattoos und versuchte, sie zu verstecken. Die passten doch gar nicht zu dem Menschen, der ich nun werden wollte, oder? Ich fühlte mich also alles andere als wohl in meiner Haut.

Musste ich etwa einen Stadtpräsidenten oder einen Firmenchef interviewen, bekam ich Angst. Ich hatte nicht einfach nur großen Respekt vor diesen Menschen, nein, ich fühlte mich in ihrer Gegenwart völlig minderwertig. Damit hatte ich lange zu kämpfen. Nach der Sucht konnte ich kaum etwas Liebenswertes an mir finden. Ich wusste nicht, wer ich bin, und fühlte mich verloren in dieser Welt. Somit war auch der Gang an die Medienkonferenzen nicht leicht für mich. Immer glaubte ich, zu wenig zu wissen. Meinte, dass sich die anderen Journalisten alle viel besser auskannten. Und so traute ich mich fast nie, eine Frage zu stellen. Ich wollte mich ja nicht blamieren. Hin und wieder waren mein Vater und ich an derselben Medienkonferenz. Dann fühlte ich mich sicher. Er gab mir gute Ratschläge und ermunterte mich, zu fragen, wenn ich etwas nicht wusste oder verstand. So nahm er mir ein bisschen die Angst.

Nach etwa einem Jahr besuchte ich eine erste Weiterbildung am Medienausbildungszentrum MAZ in Luzern. Hier lernte ich die Grundlagen des Lokaljournalismus kennen und bekam viele nützliche Tipps, die mir von da an bei meiner Arbeit halfen. So wurde die Angst kleiner und kleiner, doch ganz verschwand sie nicht. Ebenso wenig das Minderwertigkeitsgefühl. Dabei konnte mir auch Leo nicht helfen. Er besaß zwar ein großes Selbstvertrauen, doch langsam bekam auch seine Fassade Risse. Er hatte immer wieder Phasen, in denen er zwei oder drei Tage durchtrank. Dann kam er frühmorgens nach Hause und verschwand sofort wieder, wenn er ausgenüchtert war. Ich fand das sehr belastend, und es entstand oft Streit.

Ich will hier aber nicht unsere ganze Beziehung schlechtreden, denn wir erlebten auch sehr viel Schönes zusammen. Zum Beispiel kochte er jeden Abend für uns. Und wir verbrachten schöne Ferien miteinander. Jedes Jahr waren wir mindestens einmal weg. Wir verstanden uns lange Zeit gut. Doch der Alkohol belastete die Beziehung mehr und mehr. Und natürlich hatte ich selbst auch meine Macken. Ich war ganz sicher keine einfache Partnerin. Für mich waren damals Strukturen enorm wichtig. Das ist nach einer Sucht oft so. Ich hatte einen extremen Ordnungsdrang, nach dem Motto: Äußere Ordnung bringt innere Ordnung. Und an der inneren Ordnung fehlte es mir in dieser Zeit noch sehr. Ich brauchte die immer gleichen Fixpunkte in meinem Alltag, sie gaben mir Halt. Und wenn dann etwas nicht wie geplant ablief, warf mich das aus der Bahn. So reichte es schon aus, wenn das Abendessen nur eine halbe Stunde später auf dem Tisch stand. Oder wenn Leo zu Hause etwas nicht an den richtigen Platz stellte. Trotzdem blieb er bei mir.

Einmal reisten wir für einige Tage in ein Wellnesshotel in der Nähe von Sankt Gallen. Wir gönnten uns ein paar ruhige Stunden im Spa, streiften durch die Stadt, in der ich so lange dem Heroin verfallen war, und besuchten auch die anderen Orte, die ich von früher kannte, wie etwa die Berufsschule in Rorschach. Das alles wiederzusehen, war eigenartig und stimmte mich melancholisch. Diese Erinnerungen ließen mich aber auch erkennen, was ich seitdem schon alles erreicht hatte. Deshalb war es ganz besonders schön, dass wir auch mein ehemaliges Therapiezentrum besuchten. Eine meiner engsten Therapeutinnen arbeitete noch immer dort. Ebenso die beiden Zentrumsleiter. Die Freude war auf allen Seiten groß. Es war ein wunderbarer Tag. Ich muss bald wieder einmal dorthin, denn seit jenem Besuch habe ich nochmals eine enorme Entwicklung durchgemacht.

Der zweite Geburtstag

Mut brüllt nicht immer. Manchmal ist Mut die leise Stimme am Abend, die sagt: Ich probiere es morgen noch einmal.

Mary Anne Radmacher

Am Morgen des 15. Februar 2013 ging ich wie jeden Tag vor der Arbeit in die Apotheke. Doch statt dem Methadon erwartete mich die Belegschaft mit dem Lied »Happy Birthday«. Dabei hatte ich gar nicht Geburtstag. Es war jedoch so, dass meine Methadonration kontinuierlich reduziert worden war, gegen Schluss Milligramm für Milligramm, und an diesem Tag war ich, ohne es zu wissen, bei null angekommen. Deswegen erklärten die Mitarbeitenden in der Apotheke diesen Tag zu meinem zweiten Geburtstag. Drei lange Jahre der Entwöhnung hatten endlich ein Ende gefunden. Sie überreichten mir Blumen und gratulierten überschwänglich. Denn es geschieht nicht oft, dass jemand das Methadon vollständig reduziert – viele werden vorher rückfällig oder bleiben bei einer hohen Dosis stehen, die sie dann ihr Leben lang weiternehmen. Auch meine Freude war riesig. Es fühlte sich fantastisch an, denn mir wurde klar: Jetzt war ich frei, frei von meiner Sucht. Es war ein großer Tag für mich. Und als ich etwas später bei der Arbeit stolz davon berichtete, holte mein Chef sofort eine Flasche Champagner aus dem Supermarkt nebenan. Alle, alle freuten sich für mich. An dem Tag erhöhten wir mein Arbeitspensum auf siebzig Prozent. Als ich abends nach Hause kam, empfingen mich lachende Gesichter, denn mit diesem Tag fand auch für meine Eltern ein langer Leidensweg sein Ende.

Einige Zeit später passierte noch etwas Wunderbares. Ich hatte einige Kurzgeschichten verfasst. Sie handelten von Gimondi und den Gogwärgini. Gimondi lautete der Name unseres Katers, der – ich war noch klein – eines Tages plötzlich verschwunden war; und Gogwärgini ist das Wort aus dem Oberwallis für Zwerge. Damals waren wir Kinder sehr traurig über Gimondis Verschwinden gewesen. Mein Vater hatte uns deshalb jeden Abend eine Geschichte über den Kater erzählt und wie der sich mit den Gogwärgini angefreundet hatte. Nun griff ich selbst zur Feder und schrieb im Laufe der Jahre 2013 und 2014 neue Gimondi-Geschichten. Meine Mutter machte die Illustrationen dazu und verwendete dafür eine ganz besondere Scherenschnitttechnik. Meinem Chef gefielen die Geschichten so gut, dass er sie eine nach der anderen in der Zeitung abdruckte. Und nicht nur das. Da es so viele positive Rückmeldungen zu den Geschichten und den Illustrationen gab, machte er daraus ein Kinderbuch. Er hatte neben der Zeitung nämlich noch einen kleinen Buchverlag. Wir druckten tausend Exemplare und organisierten eine große Buchvernissage. Das war im Januar 2015. Die Medien machten einige Interviews mit uns, und das Buch wurde in der Region ein Erfolg. Wir konnten sogar ein bisschen daran verdienen.

Die Wochen und Monate zogen ins Land. Die Arbeit und vieles sonst in meinem Leben nahm einen positiven Verlauf.

Doch ein paar Dinge blieben: mein fehlendes Selbstwertgefühl, die abendliche Flasche Rotwein mit Leo und die Probleme, die wir miteinander hatten. Das alles beschäftigte mich sehr, auch während der Arbeit. Und plötzlich bekam ich Schwindelanfälle und litt unter erschöpfungsähnlichen Zuständen. Ich fiel in ein Loch. Vielleicht war es der Beginn eines Burn-outs, zumindest fühlte es sich so an. Nach der Arbeit und wenn ich freihatte, schlief ich viel und war, kaum eine Stunde wach, bereits wieder müde. Meine Aufgaben bei der Arbeit und im Haushalt konnte ich fast nicht mehr bewältigen. Was noch hinzukam: Der Heroinkonsum und das Methadon hatten meine Hochsensibilität abgemildert und genauso die Reizfilterschwäche unterdrückt. Beides kehrte nun zurück.

Es ist leider eine Schwäche von uns Menschen, dass wir krampfhaft versuchen, stark zu sein. Durchzuhalten. Leistungsfähigkeit zu demonstrieren. Dabei können wir uns erst auf den Weg der Besserung machen, wenn wir dem Gefühl der Schwäche nachgeben. Ich ließ also nach einem mehrwöchigen Kampf gegen meine Erschöpfung endlich zu, dass es mir nicht gut ging. Und suchte meine neue Hausärztin auf, die mich für zwei Wochen krankschrieb. Sie ist eine wunderbare Ärztin, mit meinem Sensibilitätsproblem fühle ich mich bei ihr sehr gut aufgehoben. Sie nimmt sich viel Zeit für mich, hat ein feines Gespür für das, was ich brauche. Manchmal genügt ein Gespräch, manchmal helfen pflanzliche Mittel. Und wenn es einmal ganz schlimm kommt, verschreibt sie mir Lorazepam, das die vielen auf mich einstürmenden Sinneseindrücke dämpft.

Damals ließ ich mich auch eingehend untersuchen, um sicherzugehen, dass keine körperliche Erkrankung dahintersteckte. In einem Marathon von Fachärztin zu Facharzt wurde alles Mögliche geprüft, sogar einem Hirn-Scan musste ich mich unterziehen, um einen Tumor auszuschließen. Alles war negativ, also ohne Befund.

Dann kam der fünfundsechzigste Geburtstag meines Vaters. Wir feierten ihn mit der Familie und vielen Freunden in Thun. Gleich zu Anfang machte eine Theatertruppe mit uns eine etwas eigenartige Stadtführung. Es war ein stürmischer Tag und sehr, sehr kalt. Diese Kälte und die vielen Menschen machten mir zu schaffen. Ich fühlte mich extrem kraftlos und sprach mit unseren Gästen nur das Allernötigste. Ich wusste nicht, wie ich den ganzen Tag überstehen sollte. Und dann stand da plötzlich dieser alte Freund der Familie vor mir, ein klassischer Schulmediziner, aber mit vielen Zusatzausbildungen in Alternativmedizin. Er sah, dass es mir nicht gut ging. Wir kamen ins Gespräch. Und vereinbarten umgehend einen Termin. Was für eine glückliche Fügung!

Bei unserer ersten Sitzung wandte er die sogenannte Neuraltherapie an. Er gab mir Spritzen mit einem Betäubungsmittel in den Arm, in den Rücken und in die Schilddrüse. Damit würde das System für eine halbe Stunde heruntergefahren, sagte er, und bekäme dadurch die Chance, sich neu zu regulieren. Die Schulmedizin erkennt die Neuraltherapie nicht an. Aber es war genau die Behandlung, die mir half. Meine ganze linke Körperhälfte wurde warm, was zwar eine heftige Reaktion darstellte, aber durchaus beabsichtigt war. Außerdem verordnete er mir drei Monate ohne Alkohol, denn ein Test ergab, dass ich die Tannine im Rotwein nicht vertrug. Dass ich mittlerweile seit fast drei Jahren mit Leo abends Rotwein trank, hatte meinen Körper also stark belastet. Ich ging in den nächsten Wochen noch mehrmals zu ihm und fühlte mich bald wie neugeboren.

Leo blieb damals bei seiner Flasche Rotwein am Abend. Mir aber fiel es leicht, auf den Alkohol zu verzichten. Stattdessen füllte ich mir jeden Abend eine Thermoskanne mit Tee. Womit ich auch nach den drei Monaten verordneter Abstinenz nicht aufhörte. Klar trank ich wieder Alkohol, doch nicht mehr jeden Tag und nur, wenn es einen besonderen Anlass gab. Seitdem gehört der abendliche Tee zu mir.

Dieser Schwächeanfall wurde also zu einem weiteren Wendepunkt in meinem Leben. Zumal ich, nachdem ich wieder zu Kräften gekommen war, Bücher über Taoismus, Yoga und die Yogaphilosophie zu lesen begann. Ich verschlang sie geradezu. Immer wenn ich las, kamen positive Gefühle in mir auf. Es eröffnete sich mir eine ganz neue Welt. Der Taoismus lehrt, dass das Leben ein Fluss ist. Alles verändert sich und nichts bleibt, wie es ist. Ich las viel über das Thema Akzeptanz und das Loslassen und darüber, dass man die Dinge annehmen soll, wie sie sind. In den Yogabüchern fand ich erste Stellungen, die mir halfen, mich zu erden. Und Atemübungen, die mir zeigten, wie ich zur Ruhe kommen konnte. Ich war begeistert, denn die Übungen zeigten tatsächlich Wirkung. Vor allem die Atemübungen halfen mir, äußere Reize auszublenden, wodurch ich zu mehr Gelassenheit und innerer Ruhe fand. Das geschah natürlich nicht von einem Tag auf den anderen. Es war ein langer Prozess.

Mit der Zeit fing ich an, mein Denken zu verändern. Ganz langsam. Schritt für Schritt. Und fühlte, dass ich mich in eine neue Richtung entwickelte. Ich machte mir zum Beispiel die kleinen schönen Dinge im Alltag bewusst und freute mich darüber. Übte Gelassenheit und begann, das Leben als Fluss zu begreifen. Besonders das Buch »Wu Wei – Die Lebenskunst des Tao« von Theo Fischer, das mir mein Vater geschenkt hatte, lehrte mich, viele Dinge im Leben anders zu sehen. Etwa zu akzeptieren, was ich nicht ändern kann. Zum Beispiel meine Vergangenheit. Sie ist nun mal so, wie sie ist. Daran kann ich nichts mehr ändern. Aber ich kann das Beste daraus machen. Ich las das Buch bestimmt dreimal hintereinander. Ganz langsam keimte ein Samen in mir. Ein Samen, der mir zeigte, dass ich mich entwickeln und zu der Person werden konnte, die ich sein wollte. Ich fing an, mich zu akzeptieren – und sogar zu mögen.

Licht im Tal der Tränen

Allein sein zu müssen, ist das Schwerste,
allein sein zu können, das Schönste.

Hans Krailsheimer

Durch mein neues Lebensgefühl wurde mir allmählich klar, dass es mit Leo so nicht weitergehen konnte. Wir hatten uns in zwei verschiedene Richtungen entwickelt. Er trank mehr als je zuvor. Zwischendurch gab es zwar Phasen, in denen er komplett aufhörte, doch meist dauerten diese nur ein paar Wochen. Ich verurteile ihn nicht deswegen, denn ich weiß, dass er mit seinem Leben und seiner Arbeitssituation unglücklich war – und wahrscheinlich auch mit unserer Beziehung. Das alles trieb ihn dazu, sich weiter in den Alkohol zu flüchten. Und so wurde sein Trinkverhalten zu unserem Dauerstreitthema. Das war sehr schade, denn eigentlich war Leo ein ganz toller Mensch. Später fragte ich mich oft, ob ich ihn im Stich gelassen hatte. Ob ich nicht bei ihm hätte bleiben sollen. Aber ich wusste: Mit Liebe befreit man in einer Partnerschaft niemanden aus seiner Sucht. Zudem hatte ich damals weder die Kraft noch die emotionale Stärke, ihm zu helfen. Sehr wahrscheinlich hätte ich mich selbst damit kaputtgemacht.

Es brauchte dennoch mehrere Anläufe, die Beziehung zu beenden. Sich von einem langjährigen Partner zu trennen, ist nicht leicht. Doch im Herbst 2016 zog ich einen definitiven Schlussstrich. Der konkrete Auslöser war eine Kreuzfahrt, die wir zusammen unternahmen. Es war die erste meines Lebens. Ich war total begeistert, fand es großartig, jeden Tag einen neuen Ort zu erkunden. Und dann das Meer! Ich liebe das Meer! Eine ganze Woche darauf unterwegs zu sein, war einfach wunderbar. Leo fand das leider nicht. Er verspürte in jener Lebensphase ohnehin nur sehr wenig Freude. An einem Abend, ich schlief bereits, kam er aus dem Schiffscasino zurück. In einem sehr schlechten Zustand. Das war der Punkt, an dem ich merkte, dass ich endgültig loslassen musste. Wieder zu Hause, machte ich Nägel mit Köpfen. Leo zog aus.

Nun wohnte ich erstmals seit vielen Jahren allein. Ich stürzte mich in Arbeit, besuchte eine Weiterbildung zu professioneller Medienarbeit, die das MAZ in Zusammenarbeit mit der Zürcher Fachhochschule anbot und die ich nach acht Monaten mit einem CAS, einem Certificate of Advanced Studies, abschloss. Die Weiterbildung fand jedes zweite Wochenende statt. Unter der Woche arbeitete ich wie gewohnt von neun bis sechzehn Uhr für die Redaktion in Fiesch. Und an den unterrichtsfreien Wochenenden hatte ich oft journalistische Einsätze. Das war eine sehr anstrengende Zeit, lenkte mich jedoch etwas von meinem Trennungsschmerz ab. Immerhin waren Leo und ich fünf Jahre zusammen gewesen, und das mehr oder weniger jeden Tag.

Plötzlich gab es also wieder eine Leere zu füllen. Die letzten Jahre hatte ich fast ausschließlich mit Leo und meiner Familie verbracht. Ich kam mir ein bisschen vor wie in dem Film »Und täglich grüßt das Murmeltier«, wo der Protagonist in einer

Zeitschleife feststeckt. Erneut war ich einsam, die Probleme in meinem Leben schienen sich ständig zu wiederholen. Heute glaube ich übrigens, dass das wirklich so ist: Probleme kehren so lange wieder, bis wir daraus gelernt haben.

In jener Zeit weinte ich mich oft in den Schlaf. Den Gedanken, dass ich das Glück nur in mir selbst finden kann, konnte ich damals noch nicht umsetzen. Obwohl ich bereits viele Bücher über Yoga und Taoismus gelesen hatte. Ich war einfach traurig. Und verstand nicht, dass das nun mal zum Leben dazugehört: Ohne Traurigkeit keine Freude. Ohne Hell kein Dunkel. Ohne Unten kein Oben. Das Leben verläuft eben in Wellen. Mal geht es uns besser, mal schlechter. Wichtig ist, dass wir die Gefühle, die wir gerade durchleben, als das annehmen, was sie sind: veränderlich. Wenn wir akzeptieren, dass wir heute traurig sind, in dem Wissen, dass es morgen oder vielleicht auch erst nächste Woche wieder besser sein wird, fällt es uns leichter, durch ein Tal der Tränen zu gehen. Damals schrieb ich über diese Erkenntnis:

Heute ist die Verzweiflung nicht mehr so groß, der Schmerz nicht mehr so tief, die Trauer nicht mehr so überwältigend. Denn in meinem Leben habe ich zwei Dinge gelernt. Erstens: Es gibt Zeiten, in denen du einfach stark sein musst, weil du keine andere Option hast. Zweitens: Es kommt alles wieder gut. Und mit dieser Zuversicht lebt sich das Leben viel besser.

Mein Vater war froh, dass ich nun das erste Mal in meinem Erwachsenenleben wirklich Single war. Denn er hatte immer wieder gesagt, dass eine gute Partnerschaft erst dann geführt werden könne, wenn wir gelernt hätten, mit uns selbst glücklich zu sein. Heute muss ich ihm recht geben. Den Schmerz linderte es damals aber nicht. Wenn ich zurückblicke, spüre ich sofort meine damalige Trauer wieder. Das Alleinsein war für mich jedoch ein wichtiger Entwicklungsschritt. Sogar einer der wichtigsten. Mich nicht mehr ständig an einen Partner anzulehnen, hat aus mir mit den Jahren einen anderen Menschen gemacht.

Kopfstand fürs Gehirn

Nicht was wir erleben, sondern wie wir empfinden,
was wir erleben, macht unser Schicksal aus.

Marie von Ebner-Eschenbach

Kurz nachdem ich mich von Leo getrennt hatte, stellte
mein Chef für die Zeitung eine neue Layouterin ein. Schnell
merkten wir, dass wir einen besonderen Draht zueinander
hatten. Martina und ich wurden sehr gute Freundinnen, und
ich bin so dankbar, dass sie noch heute ein Teil meines Lebens
ist. Ja, ich glaube an das Schicksal: Sie trat genau zu dem Zeitpunkt in mein Leben, als ich sie am meisten brauchte. Endlich
hatte ich wieder eine enge Freundin! Eine, mit der ich viel
unternehmen und über alles sprechen konnte. Das hatte ich
zuletzt vor mehr als fünfzehn Jahren gehabt, in den Anfängen
meiner Sucht.

Mit ihr besuchte ich in Brig auch meine erste Yogastunde.
Ein Bekannter spielte an dem Abend auf dem Hackbrett, wäh-
rend die Lehrerin mit uns diverse Yogastellungen durchging.
Das wirkte auf mich alles wunderbar harmonisch. Wie in
Trance kam ich aus dieser ersten Yogastunde nach Hause. Für
mich war sofort klar: Da bleibe ich dran. Ich suchte mir eine

Yogagruppe in Naters; deren Lehrerin hatte viel Erfahrung und war sehr gut darin, ihr großes Können und Wissen an uns weiterzugeben. In der ersten Stunde sollte ich den Kopfstand versuchen. Wie alle sogenannten Umkehrhaltungen bewirkt der Kopfstand, dass der Blutstrom sehr leicht ins Gehirn fließt, was das Konzentrationsvermögen und die Aufmerksamkeit erhöht. Doch ich war noch zu ängstlich und zu unsicher für diesen Balanceakt. Also bot sie mir als Alternative den sogenannten Elefanten an. Bei dieser vereinfachten Form des Kopfstands muss man die Beine nicht gerade in die Höhe strecken, sondern kann sie angewinkelt auf den aufgestellten Armen abstellen. Und siehe da: Das Ziel, kopfüber zu stehen, war erreicht. Damit hatte ich die erste Lektion gelernt: Die Grenzen in meinem Kopf sind selbst gesetzt, es gibt Wege, diese zu überwinden.

Yoga faszinierte mich von Beginn an ungemein. Ich übte die Stellungen mehrmals die Woche bei mir zu Hause, besonders die, die mir innere Ruhe brachten. Klar, am Anfang war alles noch ungewohnt und wackelig, doch durch das viele Üben und das Vermögen meiner Yogalehrerin, aus uns das Beste herauszuholen, machte ich schnell Fortschritte. Dass ich bald schon Erfolge sah, motivierte mich zusätzlich.

Eines Abends ging ich mit Martina in Brig-Glis an das Treffen einer Interessengemeinschaft mit dem schönen Walliser Namen »gä&nä«, was »geben und nehmen« bedeutet. Das Motto lautete: Viele Menschen, die an vielen Orten viele kleine Dinge tun, können das Gesicht der Welt verändern. Das Treffen war für alle offen, die für andere etwas tun wollten. Es gab bereits einige Projekte, wie etwa den kostenlos zur Verfügung gestellten Raum, in den jeder bringen konnte, was er nicht mehr brauchte, und aus dem jeder kostenlos mitnehmen durfte, was er mochte. Oder die Beete im Stadtgarten, die man selbst bepflanzen durfte. Oder die Initiative KulturESSiert, ein alle paar Monate stattfindender Event, bei dem ausländische Mitbürgerinnen und Mitbürger uns Einheimischen ihre Kultur und ihr landestypisches Essen nahebrachten. Die Projekte existieren heute noch, was inzwischen aber leider fehlt, ist ein Raum. Wir haben alle Oberwalliser Gemeinden nach einem kostenlosen Raum angefragt – vergeblich.

Die Denkweise dieser Leute gefiel mir sehr. Deshalb ging ich nun öfter zu den Treffen. Daraus entstanden weitere enge Freundschaften. Damals begann ich mich konkret für den Solidaritätsgedanken einzusetzen, der mir heute mehr denn je am Herzen liegt. Ich trat der Gewerkschaft Unia bei (später wurde ich deren Delegierte und Vertrauensperson). Außerdem setzte ich mich zum ersten Mal konkret mit Politik auseinander. Was noch nicht arg viel hieß, aber immerhin fing ich an, mich zu informieren und abzustimmen. Und ich fand heraus, dass ich mich der SP angehörig fühlte. Diese Partei setzt sich für das ein, was ich selbst für wichtig halte: für soziale Gerechtigkeit und Solidarität denjenigen gegenüber, die es in unserer Gesellschaft besonders schwer haben, für bessere Arbeitsbedingungen und gegen Fremdenfeindlichkeit. Alles Werte, die mir auch von meiner Familie her sehr vertraut waren. Parteimitglied wurde ich da noch nicht.

Es ging also mächtig voran. Mein Vater hatte recht damit, dass man erst einmal mit sich allein glücklich werden muss. Damals lernte ich, auf mich zu vertrauen. Ich wurde selbständiger, begann, Probleme allein in Angriff zu nehmen und nach Lösungen zu suchen. Ich gestaltete meine Freizeit nach eigenem Gutdünken und fand meinen eigenen Lebensrhythmus. Kurzum: In dieser Zeit ohne Partner erlebte ich einen riesigen

Entwicklungsschub. Ich las weiterhin viel und nutzte das Gelesene, um mich mit mir und meinen Gefühlen und Bedürfnissen auseinanderzusetzen. Daneben konzentrierte ich mich auf Yoga. Ich übte wenn möglich jeden Tag, auch wenn es nur zwanzig Minuten waren. Die Konzentration auf meine Atmung und die immer bewusster ausgeführten Körperhaltungen, genannt Asanas, halfen mir in meinem stressigen Journalistenalltag: All die Geräusche, die ständigen Gespräche und die vielen Menschen um mich herum schafften mich zwar noch immer, aber wenn ich am Abend überreizt nach Hause kam, fand ich dadurch wieder zu innerer Ruhe. Yoga hat mir enorm geholfen. Denn für mich geht es dabei nicht nur um eine körperliche Betätigung, es ist auch und vor allem eine Auseinandersetzung mit mir selbst.

Luftsprünge mit Heli

Wenn ich loslasse, was ich bin,
werde ich das, was ich sein könnte.

Laotse

Es war schon länger klar, dass mein Chef bald in Pension gehen würde. Er suchte intensiv nach einem Nachfolger, fand aber keinen. Und so kam, was kommen musste: Im September 2017 erhielt ich die Kündigung. Zwar bekam ich ein sehr gutes Arbeitszeugnis, wieder einmal musste ich aber mit einer Veränderung klarkommen. Dieses Mal fiel mir das jedoch gar nicht so schwer. Zu diesem Zeitpunkt hatte ich bereits verinnerlicht, dass nichts im Leben für immer bleibt und dass das gut ist so. Denn *keine* Veränderung und *keine* Weiterentwicklung bedeuten Stillstand. Und, wenn wir ehrlich sind – wer will schon Stillstand in seinem Leben? Klar ist es schön, wenn alles gut läuft und man sich mal eine Weile ausruhen kann. Doch wir sollten uns jederzeit bewusst sein, dass dies kein Dauerzustand ist. Leben heißt Veränderung. Und auch in einer negativen Erfahrung oder einem Schicksalsschlag kann man einen Sinn finden – manchmal müssen wir eben erst durch den Schmerz hindurchgehen, bevor wir ihn erkennen können.

Insgesamt sechs Jahre hatte ich als Journalistin für die »Regionalzeitung Aletsch Goms« gearbeitet, und es gab einige schöne Momente. Einmal war ich zum Beispiel zu Besuch bei der Snowboarderin und Olympiasiegerin Patrizia Kummer. Sie zeigte mir ihre Goldmedaille. Das war schon speziell. Denn wann hält man so etwas schon mal in der Hand? Sie war schwerer, als ich dachte. Damals flog ich auch zum ersten Mal in einem Helikopter. Zusammen mit weiteren Journalisten ging es zu dem neu eröffneten Skigebiet in Andermatt. Und ja: Ich war trotz meiner Flugangst in den Helikopter gestiegen. Und dies, obwohl die meteorologischen Voraussetzungen denkbar schlecht waren. Es zog ein Sturm auf. Während des Flugs hüpfte der Helikopter wie verrückt auf und ab. Ich krallte mich am Arm des Journalisten neben mir fest – ich kannte ihn nicht –, bei jedem Luftloch stockte mir der Atem, mein Körper war aufs Äußerste angespannt. Das Positive an dieser grässlichen Erfahrung? Da ich nun wusste, dass man sogar einen solchen Flug überleben konnte, wagte ich es tatsächlich – wenn auch mit zittrigen Knien –, mit meiner Mutter in ein Flugzeug zu steigen, um meinen ältesten Bruder Daniel in Slowenien zu besuchen, der dort mit seiner Familie lebt. Es war ein Kurzstreckenflug in einem kleinen, alten Flugzeug. Das hatte Propeller statt Düsen, und im Innern waren von ganz früher sogar noch Aschenbecher installiert. All das machte die Situation für mich nicht unbedingt einfach. Doch mithilfe von Meditationsmusik überstand ich den Flug ohne Panikattacke. Mut bedeutet eben nicht die Abwesenheit von Angst, sondern sich dieser zu stellen.

Ich war nicht sehr lang arbeitslos. Schon nach wenigen Wochen wurde ich Redaktorin einer kleinen, politisch links ausgerichteten Zeitung im Wallis: der »Roten Anneliese«, für die meine Freundin Martina schon länger tätig war. Sie machte das Layout, und ich war für die Texte zuständig. Wir zwei waren ein super Team. Meine Artikel trugen Titel wie »Der Hunger der Reichen«, »Zur Verarmung gezwungen«, »Das Versagen der Menschenrechte« oder »Depressionen bei Jugendlichen«. Ich schrieb also über soziale Belange und über Themen, die ich wichtig fand und die in anderen Zeitungen kaum zur Sprache kamen.

Bei der Zeitung wirkten im Hintergrund noch weitere Leute mit. Und leider war darunter einer, mit dem ich überhaupt nicht klarkam. Ich konnte ihm nichts recht machen. Alle meine Artikel zerriss er in der Luft. Das verletzte mich sehr, stresste mich enorm und machte mich wütend. Hinzu kam, dass er uns oft noch nachts mit E-Mails bombardierte; ich brauchte Stunden, die alle zu lesen und seinen Ideen zu folgen. Schnell merkte ich, dass ich hier nicht glücklich wurde. Wenn dich etwas deinen inneren Frieden kostet, dann ist es zu teuer. Nach nur einem halben Jahr reichte ich meine Kündigung ein. Fast gleichzeitig bewarb ich mich um eine Stelle als Integrationsdelegierte. Die geforderte Ausbildung zur Sozialarbeiterin besaß ich zwar nicht, dafür brachte ich aber offenbar alle menschlichen Voraussetzungen mit. Ich bekam den Job und bin seither Integrationsdelegierte für die beiden Gemeinden Naters und Brig-Glis.

Damals war das ein ganz neuer Arbeitsbereich für mich. Und das war gut so, denn ich wollte bewusst Neues ausprobieren – nicht nur, was die Arbeit betraf: Da ich schon einige Zeit Single war und zuvor nur mit Partner verreiste, beschloss ich, es einmal allein zu versuchen. Anfangs war dieser Gedanke etwas gewöhnungsbedürftig. Würden die Menschen mich nicht vielleicht bemitleiden? Für den ersten Versuch buchte ich eine fünftägige Kreuzfahrt. Dabei würde ich ja sehen, wie es sich anfühlte, allein zu reisen. Und es war einfach nur – super! Ich lernte ganz schnell nette Leute kennen und konnte den Tag trotzdem nach meinen Wünschen gestalten, denn ich musste auf niemanden Rücksicht nehmen. Seither gehe ich jedes Jahr allein in die Ferien. Und ja, es sind meistens Kreuzfahrten, obwohl diese umwelttechnisch in keinem guten Licht stehen. Die Reedereien versuchen zwar inzwischen, die Emissionen zumindest ein bisschen zu reduzieren, indem sie die neuen Schiffe mit Flüssiggas betreiben statt mit Diesel. Außerdem haben die meisten Flotten ein Programm für nicht verwendete Nahrungsmittel – sie spenden sie an soziale Institutionen. Mein schlechtes Gewissen beruhige ich aber auch damit, dass ich so gut wie nie fliege.

Warum ich so gern auf Kreuzfahrt gehe, mag den einen oder die andere aber trotzdem verwundern. Vermutet man in diesem Bereich doch eher eine Kundschaft sechzig plus. Es gibt aber auch viele Menschen in meinem Alter an Bord solcher Schiffe und auch einige, die man eher einer Alternativszene zurechnen würde. Und ich sehe das ohnehin so: Wenn ich bereit bin, mich zu öffnen und auf eine etwas andere Welt einzulassen, dann kann ich überall sehr wertvolle Momente erleben. Auf jeder einzelnen Fahrt habe ich wunderbare Menschen getroffen, die mir sonst nie begegnet wären. Mit vielen bin ich über die sozialen Medien noch heute in Kontakt.

Das Allerschönste auf diesen Schiffen ist für mich jedoch nach wie vor das Meer selbst, die faszinierende Weite. Die Sonnenaufgänge. Die Sonnenuntergänge. Der klare Sternenhimmel, in dem bei absoluter Dunkelheit sogar die Milchstraße zu erkennen ist. Oder der Mond, der nachts das Meer zum Glitzern bringt. Das Zischen des Wassers, wenn das Schiff durch die Wellen pflügt. All das erfüllt mich mit Freude und Ruhe.

Nur noch dieses eine Mal!

Innerer Frieden beginnt, wenn das Drama deiner
eigenen Geschichte keine Kontrolle mehr über
deine Gedanken und deine Gefühle hat.

Angela D. Kosa

Im Sommer 2018 trat ich meine neue Arbeit als Integrationsdelegierte an. Was ich da zu tun habe? Jeden Monat erhalte ich Listen, welche ausländischen Personen neu nach Brig-Glis und Naters gezogen sind. Ihnen biete ich einen Termin an, bei dem sie Informationen zum hiesigen Leben und Arbeiten erhalten. Weise zum Beispiel darauf hin, welche Sprachkurse es gibt und welche anderweitigen Integrationsprojekte für sie interessant sein könnten. Zusammen mit den beiden anderen Integrationsdelegierten im Oberwallis organisiere ich zudem jedes Jahr die regionale »Woche gegen Rassismus«. Sie findet immer um den 21. März herum statt, und zwar rund um den Globus, und soll die Gesellschaft für das Thema Rassismus sensibilisieren. Denn Rassismus äußert sich nicht nur in fremdenfeindlichen Sprüchen. Rassismus ist Vorverurteilung, Rassismus ist, wenn man Menschen unbesehen in eine Schublade steckt oder wenn einer ganzen Bevölkerungsgruppe dieselben (meist negativen) Eigenschaften zugewiesen werden. Frauen, die ein Kopftuch tragen, und Personen mit ausländischen Namen haben weniger Chancen, erfolgreich zu sein, und sie werden oft auch schlechter bezahlt. Und wer in der Schweiz geboren ist oder sogar den Schweizer Pass besitzt, gilt noch lang nicht als Schweizer, wenn er oder sie eine andere Hautfarbe hat. Ich finde es wichtig, sich für diejenigen einzusetzen, die es in unserer Gesellschaft schwer haben. Auch deshalb war ich froh, nun im sozialen Bereich tätig zu sein.

Ich glaube, es war um das Jahr 2018 herum, dass ich mich noch stärker in der Gewerkschaft und immer engagierter in der Politik einsetzte. Es wurde zunehmend wichtig für mich, der Gesellschaft etwas zurückgeben zu können. Ich besuchte Veranstaltungen, ging zu den Stammtischen der SP in unserer Region, wurde Delegierte der Unia und lernte dort viele neue Menschen kennen.

In dieser Zeit musste ich aber auch einen herben Verlust verarbeiten. Eine Freundin aus meiner Jugendzeit starb. Ihr Tod traf mich zutiefst. Wir hatten früher viel zusammen erlebt. Irgendwann trennten sich unsere Wege. Mehr möchte ich darüber nicht erzählen, die Familie hat es schwer genug. Mein Vater, der sie auch kannte, begleitete mich an ihren offenen Sarg, damit ich Abschied nehmen konnte, und verfasste danach ein Gedicht für sie:

Nur eine Spur noch
Nur eine Erinnerung
So lag sie da
Verlassen
Sie war der Mittelpunkt
Aber sie war nicht da

Der Körper hingelegt wie eine Statue
Es fehlt der Sternenkranz
Das Leben leidet jetzt in anderen
Die reden es im Kreis
Und schütteln Rosenblätter in die Erinnerung
Das Schweigen ist voller Tränen
Die Worte halten Wacht
Am Tor der Tränen
Sie legen Kränze Dir in die Erinnerung
Die so viel Fragen offen hat.

Die Trauer ließ mich mehrere Monate nicht los. Wir hatten zwar schon lange keinen Kontakt mehr, denn wir waren irgendwann in unterschiedliche Richtungen gegangen. Trotzdem tat es mir unendlich leid für ihre Mutter und für ihre Schwester (mit ihr war ich früher ebenfalls eng befreundet gewesen und bin es heute wieder). Plötzlich war mir meine Jugendzeit wieder sehr nah. Erinnerungen gingen mir durch den Kopf, mit denen ich nicht zurechtkam. Ihr Tod löste emotional einiges in mir aus, von dem ich dachte, dass ich damit längst abgeschlossen hätte.

Während all dieser Monate, in denen ich einen inneren Kampf ausfocht, war ich mit David zusammen. Ich hatte ihn bei der Gewerkschaft kennen gelernt. Damals war ich seit circa zwei Jahren Single gewesen. Eigentlich hatte ich ja allein bleiben und dies als Chance nutzen wollen, mich weiterzuentwickeln. Doch was soll ich sagen? Nun, wir hatten ähnliche Ansichten und verstanden uns gut. Wir wurden ein Paar. Im Nachhinein denke ich, dass ich für eine neue Partnerschaft gar nicht bereit war, auch wenn ich mir das einredete. Ich war nicht bereit, wirkliche Nähe zuzulassen. Es fiel mir nach all meinen Erfahrungen schwer, wieder jemanden in mein Leben zu lassen. Vielleicht spürte er das. Und so blieben wir auch nicht lang zusammen. Wir schafften nicht mal ein Jahr.

Die Trennung ging von ihm aus. Und obwohl ich innerlich gar nicht offen war für eine Beziehung, war ich sehr traurig darüber. Denn mit seinem Partner verliert man auf eine Art immer auch seinen besten Freund. Ich rief zwei Freundinnen an, sie kamen sofort. Ganz klassisch verbrannten wir alle Fotos, auf denen David zu sehen war. Das ist ein ziemlich radikaler Schlussstrich, aber durch meine Hochsensibilität nehme ich meine Emotionen eben schmerzhaft stark wahr und reagiere entsprechend. Ich löschte auch seine Nummer auf dem Smartphone, damit ich nicht auf die Idee kam, ihn anzurufen. Das tat ich dann auch nicht. Aber ich schrieb ihm. Zwei oder drei Briefe. Denn mein Vater hatte einmal gesagt, dass man beim Schreiben seine Gedanken zu Ende denkt und so besser verarbeiten kann. Und es half mir wirklich, die Trennung zu verarbeiten. Meine dritte enge Freundin, sie ist Ayurveda-Spezialistin, verwöhnte mich dann noch mit einer besonderen Kopf- und Oberkörper-Massage, die lösend wirken sollte. Und das tat sie auch. Danach weinte ich Sturzbäche. Das war so befreiend. Wir sollen schlechte Gefühle nicht tief in uns vergraben, sondern sie durchleben, nur so beschäftigen sie uns nicht noch viele Jahre später.

Es war in dieser Zeit also viel los in meinem Leben. Der Arbeitswechsel, mein intensives Engagement in der Politik und der Gewerkschaft, der Tod meiner ehemaligen Freundin, eine neue Beziehung und deren Ende. Es war alles etwas (zu) viel. Und so geschah es. Eigentlich glaubte ich, dass es niemals wieder dazu kommen würde. Nein, die Trennung war nicht der Grund. Höchstens der Tropfen, der das Fass zum Überlaufen brachte. Es fiel mir sehr schwer, mit dem Tod meiner alten Freundin umzugehen. Ich musste an früher denken, daran, was wir alles zusammen erlebt hatten. Und plötzlich erinnerte ich mich an mein erstes Mal mit Heroin. Wie die Glücksgefühle durch meinen Körper geschossen waren. Nur noch ein einziges Mal. Nur einmal noch eine kleine Pause von all dem Schweren, das ich gerade erlebte. Diese Sätze gingen mir nicht mehr aus dem Kopf.

Als ich eines Tages aus beruflichen Gründen in Bern war, zog es mich wie an Fäden zu den Plätzen, die ich von früher kannte. Ich musste nicht lange suchen, bis ich eine Gruppe fand, die in einem Park in aller Öffentlichkeit konsumierte. Bei ihnen kaufte ich gerade genug Stoff für mein »Nur noch dieses eine Mal«. Zu Hause angekommen, legte ich es erst einmal beiseite. Ich war hin- und hergerissen. Sollte ich es nicht doch besser wegschmeißen? Ich warf es nicht weg. Einige Tage später rauchte ich das Heroin. Und es war kaum zu glauben: Mir wurde kotzübel. Glücksgefühle kamen keine auf. Mir war einfach nur schlecht. Ich weiß nicht, ob es daran lag, dass es womöglich minderwertiger Stoff war, oder ob Heroin nach einer langjährigen Sucht selbst nach vielen Jahren Abstinenz keine Glücksgefühle mehr hervorruft. Aber es interessierte mich auch nicht. Ich war bereits seit fast zehn Jahren clean und merkte nun, dass ich das auch bleiben wollte.

Ich wertete den Rückfall nicht als Misserfolg oder gar als Rückschritt. Durch ihn wurde mir klar, dass Drogen mir nichts mehr gaben. Und ich akzeptierte definitiv, dass das Leben in Hochs und Tiefs verläuft. Wie ein Aktienkurs. Manchmal läuft es besser und manchmal schlechter. Wichtig ist eigentlich nur, dass wir uns von den schlechten Zeiten nicht unterkriegen lassen. Und das tat ich auch nicht. Ich blickte nach vorn, hakte den Rückfall ab, und mein Leben verlief wieder in geordneten Bahnen. Nach diesem schlimmen Jahr konnte es ja nur besser werden.

Kurz darauf reiste ich noch einmal nach Sankt Gallen. Ich besuchte einen ayurvedischen Arzt. Das war etwas Besonderes für mich. Denn schon seit einiger Zeit beschäftigte ich mich mit dem Thema, hatte viele Bücher dazu gelesen und mich mit meiner Freundin, der Ayurveda-Spezialistin, ausgetauscht. Ayurveda ist eine indische Heilkunst, das Wort heißt übersetzt »das Wissen vom Leben«. Hier im Westen sind vor allem die ayurvedische Massage und die Ernährungslehre bekannt. Ich fuhr schon am Abend vor dem Arzttermin nach Sankt Gallen und übernachtete in einem Hotel, da er am frühen Morgen angesetzt war.

Die Untersuchung war erstaunlich. Der Arzt schaute mich von oben bis unten an, betrachtete eingehend meine Zunge, erspürte meinen Puls und stellte mir danach einige Fragen. Das Ergebnis, zu dem er nach nur einer halben Stunde Untersuchung kam, beeindruckte mich zutiefst. Er brachte so vieles auf den Punkt. Zusammengefasst sagte er: Menschen meiner Konstitution, sprich: Pitta mit viel Vata, besitzen laut der Ayurveda-Lehre von allen Konstitutionen die meiste Dynamik. Sie nehmen das Leben und die Menschen um sich herum sehr intensiv wahr und benötigen daher auch sehr viel Schutz. Deshalb bräuchte ich mehr als andere einen Rückzugsort, eine eigene Wohnung oder in einer gemeinsamen Wohnung mit dem Partner ein eigenes Zimmer. Ich würde impulsiv reagieren, sagte er, sei direkt und engagiert, träfe manchmal sehr schnell Entscheidungen, manchmal aber auch sehr langsam. Ich würde nie ausgetrampelte Pfade gehen und mich in Extremen, immer dem Abgrund entlang bewegen. Und wenn ich mir etwas in den Kopf setzte, zöge ich es auch durch – das zeige auch der gelungene schwere Ausstieg aus den Drogen, von dem ich ihm selbstverständlich erzählt hatte. Außerdem meinte er, dass ich die Fähigkeit zu heilen besäße und er sicher sei, dass andere gern mit ihren Sorgen zu mir kämen.

Er gab mir auch eine Ernährungsempfehlung mit, die an meine Konstitution angepasst war, und zwei Medikamente aus natürlichen Inhaltsstoffen, die mir bei meiner Hochsensibilität helfen sollten, da sie die Nerven stärken. Dieser Arztbesuch war ein einzigartiges Erlebnis, und ich kann jedem, der gern einmal eine nicht schulmedizinische Meinung hören möchte, empfehlen, einen ayurvedischen Arzt aufzusuchen.

Was wächst, lebt

Sich zu sorgen, ist dumm.
Das ist, wie ständig mit einem Regenschirm
umherzulaufen und darauf zu warten, dass es regnet.

Wiz Khalifa

Und dann kam das Jahr 2020. In den Nachrichten hieß es, irgendwo in China sei ein Virus ausgebrochen. Das war ziemlich weit weg, und für kurze Zeit noch dachte man, dass uns das nicht betrifft. Aber es kam anders. Und ich muss gestehen, den ersten Lockdown habe ich wirklich genossen. Ich weiß, dass damals viele unter den Einschränkungen litten, vor allem Familien mit Kindern. Aber ich kann mich nicht erinnern, wann ich selbst jemals so entspannt war. Arbeiten im Homeoffice, zweimal in der Woche einkaufen und den Rest der Zeit im Garten verbringen. Herrlich! In jenem April regnete es nicht ein einziges Mal. Die Sonne schenkte uns viel Wärme. Was für ein Glück! Ich hatte jeden Tag viel Zeit für Yoga und Meditation. Meine Seele war in Balance, es ging mir einfach nur gut.

Besonders schön fand ich den Zusammenhalt, der plötzlich spürbar wurde. Jede und jeder bot in den sozialen Medien

Unterstützung an, und es wurden Gruppen gegründet für Nachbarschaftshilfe. Ich hatte damals wirklich die Hoffnung, dass Corona die Welt veränderte. Dass Solidarität endlich an Wichtigkeit gewann. Und dass dies auch nach Corona so bleiben würde. Wie wir alle wissen, kam es nicht so. Im gleichen Maße, wie Corona in den Hintergrund rückte, verschwand auch die Verbundenheit. Das ist so schade. Zudem spaltete der unterschiedliche Umgang mit dem Virus die Gesellschaft in Geimpfte und Ungeimpfte. Für mich persönlich zählte jedoch von Anfang an der Solidaritätsgedanke: Wir müssen die Vulnerablen schützen. Und so ließ ich mich so schnell wie möglich impfen. Besonders in der Yogaszene war ich damit in der Unterzahl.

In der Ruhe des ersten Lockdowns traf ich erneut eine Entscheidung, die mein Leben veränderte. Mir kam die Idee, eine Ausbildung zur Yogalehrerin zu absolvieren. Ich dachte nicht lange darüber nach. Es fühlte sich einfach richtig an. Ich wollte herausfinden, wie ich als Lehrerin sein würde. Was ich meinen Schülerinnen und Schülern mit auf den Weg geben könnte. Voraussetzung für die Ausbildung war eine mehrjährige Yogapraxis. Der Start sollte im November sein, durch Corona wurde er aber auf Januar 2021 verschoben. Und im Januar starteten wir dann. Online. Für einige meiner Mitschülerinnen und Mitschüler war das ein Problem. Sie wollten lieber Live-Unterricht. Ich fand online aus mehreren Gründen aber ziemlich praktisch. Erstens wegen Corona. Zweitens musste ich die Ausbildungswochenenden nicht verreisen und nicht in einem Hotel übernachten, was billiger war. Und drittens konnte ich in den Pausen für mich sein. Denn den ganzen Tag unter Menschen zu verbringen, fiel mir damals (wie heute noch) schwer. Hinzu kam, dass ich in dieser Zeit zu Übungszwecken eine erste Yogagruppe bildete. Sie bestand aus Freundinnen, Freunden und Familienmitgliedern, die ich online unterrichtete.

Die Ausbildung zur Yogalehrerin war sehr anstrengend. Jedes zweite Wochenende hatten wir zwanzig Stunden Unterricht. Ich war sehr wissbegierig, wollte nichts verpassen und hörte die ganze Zeit aufmerksam zu. Ich sog das Wissen regelrecht in mich auf. Abends war mein Kopf aber immer so voll, dass ich kaum zur Ruhe kam. Dass sie uns das Wissen derart kompakt servierten, fand ich schade, es nahm mir ein wenig die Freude an der Ausbildung. Umso größer war diese aber, als ich im September nach neun Monaten am letzten Ausbildungswochenende – es war das einzige mit Live-Präsenz – mein Diplom in der Hand hielt.

Ich nahm viel Wertvolles daraus mit und lernte nochmals viel dazu über die Yogaphilosophie, über Meditation und Anatomie. Es war für mich eine Zeit, in der ich mich auch persönlich weiterentwickelte, da ich das Gelernte auch intensiv mit mir in Beziehung setzte. Mir wurde zudem bewusst, welche Bedeutung Yoga für alle Menschen haben könnte. Würden wir alle uns mit Yoga und vor allem mit der Yogaphilosophie beschäftigen, dann hätten wir eine bessere Welt. Sie wäre gelassener und friedlicher. Davon bin ich felsenfest überzeugt.

Im August 2021 begann dann auch meine wegen Corona mehrmals verschobene Qualifizierung zur Chakratherapeutin. Da in diese Zeit auch die Prüfungen für die Yogaausbildung fielen, kam arbeitsmäßig also einiges zusammen. Trotzdem freute ich mich auf den Unterricht. Da das Thema Chakras eng mit dem Yoga verbunden ist, hatte ich mich zuvor schon damit befasst. Aber vielleicht muss ich ja zuerst erklären, worum es da überhaupt geht: Chakras sind feinstoffliche Energiefelder in unserem Körper, welche die Aufgabe haben, ihn und unseren Geist mit Lebensenergie zu versorgen. Sind sie im Gleichgewicht, dann können wir unser ganzes Potenzial, unsere ganzen Talente und Fähigkeiten voll ausschöpfen. Geraten sie aber durch äußere Umstände oder Traumata aus dem Gleichgewicht, so können wir sie mit verschiedenen Behandlungsmöglichkeiten wieder in die Balance bringen. Wenn wir lernen, unsere Chakras gut wahrzunehmen, können wir den Energiefluss im Körper harmonisieren und gezielt stärken.

Mein Lehrer war der Diplompsychologe Jean-Pierre Crittin. Ich hörte ihm aufmerksam zu. Und auch in dieser Ausbildung, die drei Monate ging und live stattfand, nahm ich viel neues Wissen mit – über die Energiefelder und über mich. Ich lernte die Chakrameditation kennen und die Glaubenssätze, die man sich über eine längere Zeit vorsagen soll, um die Kraftfelder zu stärken. Damit kann ich mich nun in unruhigen Zeiten wieder ins Gleichgewicht bringen. Einmal sagte Jean-Pierre einen Satz, der mich seither begleitet: »Nur was wächst, lebt.« Dieser Satz berührt mich nach wie vor tief. Denn damals, als ich ganz unten war – also kurz bevor ich mit den Drogen aufhörte –, trat ich auf der Stelle und war innerlich tot. Und wenn ich sehe, wo ich heute stehe, wie ich gewachsen bin, erfüllt mich das mit Freude.

Nach diesen beiden Ausbildungen legte ich erst einmal eine Lernpause ein. Denn trotz all den positiven Effekten war es eine anstrengende Zeit. Zumal ich sie berufsbegleitend absolvierte. Doch wie es so ist im Leben: Irgendwann packte es mich wieder. Im Herbst 2022 startete ich bei dem Schweizer Hypnosetherapeuten Gabriel Palacios eine Online-Ausbildung zum zertifizierten Hypnosecoach. Mit dem Thema Hypnose und Selbsthypnose hatte ich mich schon länger auseinandergesetzt, denn ich suchte nach weiteren Methoden, mit meiner Reizüberflutung umzugehen.

In dieser Ausbildung lernte ich verschiedene Hypnosemethoden für unterschiedliche Problemlagen kennen. Davon konnte ich später vieles in meine Yogastunden miteinbauen. Meditation und den Zustand der Hypnose sollte man allerdings nicht miteinander verwechseln. Denn Meditation ist Fokussierung. Fokussierung auf einen einzigen Gedanken oder auch auf die Atmung. Wir sind dabei in einem Zustand der wachen Aufmerksamkeit. Ganz im Gegenteil zur Hypnose, mit der unser Gehirn tatsächlich tief in den Zustand der Entspannung kommen kann.

Inzwischen setzte ich mich bereits seit sieben Jahren mit Yoga auseinander. Und auch die letzten drei Ausbildungen halfen mir, mehr auf meine Intuition zu vertrauen und meinen Eingebungen zu folgen. Ich schaffte es nun immer häufiger, auch in schwierigen Situationen mit mir verbunden zu bleiben. Und dank der Selbsthypnose gelang es mir, tief in meine Seele einzutauchen, neue Bilder zu entdecken und Träume wahrzunehmen. Schritt für Schritt entdeckte ich neue Fähigkeiten an mir. Das Leben ist, wie ich bereits sagte, ein stetiger Prozess, wir wachsen ständig, verarbeiten und entwickeln uns weiter.

In meiner Zeit als Drogensüchtige hätte es genug Gelegenheiten gegeben, bei denen ich mir eine schwere Krankheit hätte einfangen können. Ich hätte auch im Gefängnis enden oder sterben können. Doch ich hatte immer Glück, mir ist nie etwas wirklich Schlimmes passiert. Das hört sich vielleicht eigenartig an angesichts meiner Drogengeschichte. Doch heute ist mir klar: Das alles hätte ganz übel ausgehen können. Das Universum hat das offensichtlich nicht gewollt.

Wie lange habe ich mich geschämt für das, was war. Allem voran für meine Erfahrungen in der Zeit, als ich meinen Körper verkaufte! Sie waren schmerzhaft und verunmöglichten es mir, Intimität als etwas Positives zu erleben. Allmählich konnte ich aber auch diese Erfahrung als Teil meiner Geschichte annehmen und Frieden damit schließen. Intimität kann ich inzwischen nicht nur zulassen, sondern sie sogar genießen. Und die Frage, wer ich wohl geworden wäre ohne die Jahre der Drogensucht, interessiert mich heute nicht mehr. Denn ich fühle mich gut, und zwar genau so, wie ich bin. Dank Yoga und der Yogaphilosophie, dank der Auseinandersetzung mit den Chakras, dank Taoismus, Ayurveda und Hypnose. Das alles half mir, mit meiner extremen Sensibilität besser zurechtzukommen, Ruhe und Kraft zu tanken und mein Potenzial zu nutzen. Es waren sieben gute Jahre, und sie bereiteten mich auf das nächste Kapitel in meinem Leben vor. Denn es geschah etwas völlig Unerwartetes.

Den Blickwinkel ändern

Verstehen kann man das Leben nur rückwärts.
Leben muss man es vorwärts.

Søren Kierkegaard

Seit einigen Jahren engagierte ich mich nun bereits in der SP und in der Gewerkschaft Unia. Dass ich einen ausgeprägten Gerechtigkeitssinn besitze und mir gleiche Chancen für alle sehr wichtig sind, ist sicher etwas, das mich meine eigene Geschichte gelehrt hat. Hätten andere Menschen mir keine Chance gegeben, stünde ich nicht da, wo ich heute bin. Anfang 2020 war ich nun also gefragt worden, ob ich mich nicht für die nächsten Gemeinderatswahlen in Naters auf die SP-Liste setzen lassen wolle. Nach kurzer Überlegung sagte ich zu. Chancen auf einen Sitz rechnete ich mir nicht aus, da ohnehin nur einer von der SP im Gemeinderat saß und dieser garantiert wiedergewählt werden würde.

Der Wahlprozess war eine spannende neue Erfahrung. Wir machten Wahlfotos, druckten Plakate, organisierten Aktionen auf der Straße und rührten auch sonst für unsere Liste die Werbetrommel. Am Tag der Wahl, im Herbst 2020, trafen wir Mitglieder der Orts-SP uns, um gemeinsam die Auszählung der Stimmen zu verfolgen. Wie erwartet, bekam das bisherige Mitglied die meisten Stimmen. Dass ich auf der SP-Liste auf Platz zwei landete, erfüllte mich dann aber schon ein wenig mit Stolz. Zwei Jahre später passierte, womit ich nicht gerechnet hatte: Der 2020 wiedergewählte SP-Gemeinderat reichte aus beruflichen Gründen seine Demission ein. Und als Zweitplatzierte rückte ich automatisch nach.

Im ersten Moment war das ein Schock für mich. Plötzlich sollte ich für die Gemeinde Mitverantwortung tragen. Und würde der zusätzliche Zeitaufwand nicht enorm sein? Ganz abgesehen davon, dass ich mich mit den Themen und Abläufen bis dato, ehrlich gesagt, nicht sonderlich gut auskannte. Dass ich als einzige SP-Vertreterin künftig sechs Ratsmitgliedern einer bürgerlichen Mehrheit gegenübersaß, beruhigte mich auch nicht gerade. Aber hatte ich bis dahin nicht schon so vieles gelernt? Ja, beantwortete ich mir die Frage selbst, das hatte ich. Also hieß es, das nun umzusetzen! Als Erstes musste ich den Blickwinkel ändern: Ich traf die Entscheidung, zu akzeptieren, was sich mir bot. So begann ich, dieses neue Kapitel als eine Herausforderung anzusehen, als eine Herausforderung, die mir die Chance bot, Neues zu lernen. Und Neues würde es sicherlich mehr als genug geben.

Natürlich war mir einiges bereits aus meinem politischen Alltag bei der SP bekannt, wo ich mittlerweile im Ortsvorstand saß. Und auch als Stimmbürgerin war ich bereits an mehreren Urversammlungen in Naters dabei gewesen. An diesen Versammlungen stellt der Gemeinderat unter anderem das Budget vor, und die Bürgerinnen und Bürger stimmen über Neuerungen ab. Die Urversammlung ist also die gesetzgebende Gewalt. Der Gemeinderat – derzeit besteht er in Naters aus zwei Frauen und fünf Männern – ist das ausführende Organ.

Als ich im Dezember 2022 formell im Amt bestätigt wurde, freute ich mich dann doch sehr auf das, was auf mich zukommen würde. Zumal ich das Ressort Soziales zugeteilt bekam, das mir natürlich besonders am Herzen liegt. Hier würde ich mich einbringen können und vielleicht die eine oder andere Verbesserung bewirken. Noch vor meiner ersten Ratssitzung sah ich mich bereits mit einem Berg an Arbeit konfrontiert. Bernhard, mein Vorgänger im Amt, erklärte mir meine neuen Aufgaben. Ich lernte so viele Gemeindeangestellten wie möglich kennen und traf mich mit dem Gemeindeschreiber Bruno und der Gemeindepräsidentin Charlotte – beide kannte ich schon und war daher mit ihnen per Du. Ich führte Gespräche mit den Institutionen, die zu meinem Ressort gehörten und bei denen ich nun von Amts wegen im Vorstand oder im Stiftungsrat saß, wie etwa dem Sozialmedizinischen Zentrum Oberwallis und dem Seniorenzentrum Naters. Andere Institutionen wie die Kinder- und Jugendeinrichtung Mattini oder das Arbeitsmarktprogramm OPRA lernte ich erst später kennen. Und natürlich musste ich mich in viele Dokumente einlesen, wie etwa in den Masterplan oder den interkommunalen Richtplan, beide halten wichtige Leitlinien zur künftigen Entwicklung von Naters und Umgebung fest.

Ungemein froh war ich in diesen Tagen auch darüber, dass ich bereits ein Jahr zuvor meine Drogenvergangenheit öffentlich gemacht hatte. Zuerst war meine Geschichte in der deutschen Zeitschrift »Yoga aktuell« erschienen, in der ich meinen Weg vom Heroin zum Yoga erzählte. Daraufhin hatte der deutsche Fernsehsender SWR angefragt, ob ich nicht einen »Nachtcafé«-Podcast mit ihnen gestalten wolle. Und dann folgten auch in der Schweiz ein paar Interviews. Ich hatte damals die Öffentlichkeit gesucht, um zu zeigen, dass es keine

Tabus geben darf, schon gar nicht, wenn es um das Thema Sucht geht, mit dem so viel Schmerz und Leid verbunden ist. Ebenso wichtig war mir, darauf aufmerksam zu machen, wie schnell es geschieht, dass wir jemanden verurteilen – notabene ohne eine Ahnung davon zu haben, was die oder der Betreffende alles durchgemacht hat. Es gab noch einen dritten Grund: Um wachsen zu können, musste ich reinen Tisch machen. Heute weiß ich, wie richtig mein Entscheid war, denn indem ich meine Geschichte öffentlich machte, trug ich ganz sicher dazu bei, dass meine Mitmenschen mich akzeptierten. Hätte ich etwas verschwiegen, wäre das wohl zu einem Bumerang geworden.

Eine Orchidee für den Anfang

Die einzige Konstante im Leben ist die Veränderung.

Heraklit

Und dann war er da, der Tag meiner ersten Gemeinderatssitzung. Am Morgen hatte ich noch, wie jeden Montag, Yogaunterricht gegeben. Allmählich wurde ich aber nervös. Obwohl ich die Traktanden studiert hatte und mich auf die Sitzung gut vorbereitet fühlte. Was sollte ich anziehen? Es musste dem Anlass entsprechend sein, aber verkleiden wollte ich mich auch nicht. Ich wählte ein Paar hellblaue Jeans und meinen weißen Pullover aus. Die Haare flocht ich zu einem seitlichen Zopf. So. Nun noch den neuen Laptop einpacken, den ich bei meiner Amtseinführung ein paar Wochen zuvor bekommen hatte. Es war fünfzehn Uhr dreißig. Zeit, mich auf den Weg zu machen, in einer Stunde begann die Sitzung.

Von meiner Wohnung im Haus meiner Eltern machte ich mich zu Fuß auf den Weg in den alten Teil von Naters und ging dort durch die engen Gassen, vorbei an den für das Wallis so typischen dunklen Holzhäusern, zum Junkerhof, dem Sitz der Gemeindeverwaltung, gleich neben der Kirche. Vor der Sitzung leerte ich noch mein Postfach und schaute kurz beim

Sachbearbeiter für Soziales vorbei. Er würde für mich künftig die Traktanden vorbereiten und mich immer auf dem neusten Stand der Entwicklungen halten. Dann noch kurz zur Leiterin der Kanzlei. Hineinschauen, winken und einen schönen Abend wünschen. Nun die Treppe hinauf in den zweiten Stock zur Ratsstube. Auf dem Weg begegnete mir die Sekretariatsleiterin des Stabsdienstes. Sie wünschte mir viel Erfolg für die erste Sitzung.

Ich betrat die Ratsstube, einen Raum mit dunkler Holzdecke und ebenso dunklen Holzwänden, mit einem großen Tisch in der Mitte, über dem ein Kronleuchter prangt. Ich dachte zurück an meine Zeit als Journalistin, als ich noch mit Minderwertigkeitsgefühlen zu kämpfen hatte. Wie oft war ich bei Medienkonferenzen in ebendiesem faszinierenden Raum gesessen, wo ich nun als Gemeinderätin amtierte. Niemals hätte ich gedacht, dass ich eines Tages hier einen ständigen Platz am Ratstisch haben würde.

Auf dem Tisch vor mir stand eine weiße Orchidee – ein Willkommensgeschenk meiner Ratsmitglieder. Daneben ein dicker Ordner mit all den Rechnungen aus meinem Ressort, die ich signieren musste. Es blieb mir keine Zeit, sie alle durchzugehen, bevor die Sitzung begann. Bei der nächsten Sitzung in zwei Wochen würde ich dafür mehr Zeit einplanen müssen.

Die Gemeindepräsidentin ergriff das Wort, begrüßte alle und hieß mich als neue Gemeinderätin willkommen. Ich fühlte mich gut aufgenommen. Die Nervosität ließ etwas nach. Meine Traktanden würden als letzte behandelt werden. Darüber war ich froh. So konnte ich beobachten, wie die anderen Ratsmitglieder agierten. Nächstes Mal würde ich nach der Gemeindepräsidentin als Erste sprechen, da die Reihenfolge der Ressorts wechselt.

Die Sitzung zog sich hin. Manche Traktanden brauchten nur zwei Minuten. Über andere wurde eine halbe Stunde diskutiert. Kurz nach sieben Uhr war es Zeit für eine Pause. Die Frau des Gemeindeschreibers hatte Sandwiches für uns vorbereitet. Wie zuvorkommend. Nach der Pause stieg meine Nervosität wieder. Bald war ich an der Reihe. Mit etwas zittriger Stimme trug ich meine Traktanden vor. Uff, geschafft! Am Ende der Sitzung las der Gemeindeschreiber vor, welche Einladungen für die Ratsmitglieder eingetroffen waren. Ich pickte mir die zur Generalversammlung der Gewerkschaft Syna heraus. Die Sitzung endete kurz vor zwanzig Uhr. Ich machte mich auf den Weg nach Hause. Müde, aber glücklich.

Unerwartete Gefühle

Im Schmerz von gestern
liegt die Kraft von morgen.

Paulo Coelho

Es kam wie erwartet: Der neuen Verantwortung gerecht zu werden, war sehr zeitintensiv und brachte viel Arbeit mit sich; zudem gab es in meinem Ressort so manchen Fall, der mir sehr zu Herzen ging. Wie ebenfalls erwartet, gab es den einen oder anderen Moment, in dem ich mich von den vielen neuen Themen überfordert fühlte. In dem ich frustriert war, weil ich als einzige Vertreterin der SP meine Anträge im Rat nur selten durchbrachte. Ich fühlte mich im Gemeinderat aber dennoch bald gut angekommen. Ein Problem lag mir von Anfang an am Herzen: Angesichts der rasant steigenden Mieten musste unbedingt etwas für die Menschen getan werden, die in Naters Sozialhilfe bezogen. Und siehe da: Mein Antrag auf Erhöhung der Mietzinslimite wurde tatsächlich angenommen. Darüber freute ich mich sehr.

Einen weiteren Grund zum Jubeln hatte ich im Mai 2023: Ich unterschrieb den Verlagsvertrag für dieses Buch. Das war für mich ein ganz besonderes Ereignis und ein großartiger Tag!

Und dann war er endlich da, der Sommer. Ich weiß nicht, ob ich es schon erwähnt habe, aber ich bin ein richtiges Sommerkind. Ich liebe die Wärme auf meiner Haut, die langen Tage, die milden Nächte, barfuß zu tanzen, das Meer. Und vermutlich kannst du es dir schon denken: Für meinen Sommerurlaub hatte ich bereits eine Kreuzfahrt gebucht. Für einen Moment abschalten und das Leben genießen – diese Auszeit hatte ich meiner Ansicht nach verdient. So saß ich Anfang Juli auf einem großen Schiff, das Destinationen wie das italienische Civitavecchia, Ajaccio auf Korsika, Palma de Mallorca, das katalanische Valencia und Marseille in Südfrankreich anlief.

Auf diesem Schiff geschah dann, womit ich überhaupt nicht gerechnet hatte. Und zwar bereits am zweiten Abend. Ich saß in einer großen Schiffsbar, eine der Bands hatte gerade aufgehört zu spielen. Da vernahm ich plötzlich von irgendwoher Gitarrenmusik und eine Stimme, die mich magisch anzog. Ich folgte ihr und landete in einer kleinen Bar, in der ein einzelner Musiker Rockklassiker sang. Ich hörte ihm fasziniert zu, sie waren genau nach meinem Geschmack, und als er eine Pause einlegte, kam ich mit ihm ins Gespräch. Auch den nächsten Abend verbrachte ich in dieser Bar. Und den übernächsten. Und was soll ich sagen? Es war um uns beide geschehen.

Eigentlich sind engere Kontakte zwischen Gästen und Mitarbeitenden nicht erlaubt. Doch die Anziehungskraft war stärker. Mattia war einige Jahre älter als ich, hatte einen schönen Vollbart mit einigen grauweißen Stellen, starke Schultern, ein verschmitztes Lächeln, eine sanfte, tiefe Stimme und dunkle Augen, in denen man sich verlieren konnte. Das alles gefiel mir. Sehr. Was ich aber als ganz speziell empfand, war dieser natürliche Umgang miteinander. Es fühlte sich an, als ob wir uns schon ewig kennen würden. Kurzum: Ich war verliebt. Seit Jahren zum ersten Mal wieder!

Die Woche verging natürlich viel zu schnell. Als es hieß, Abschied zu nehmen, war das zwar hart, ich glaubte aber noch, meine Emotionen im Griff zu haben. Obwohl ich nach meiner Rückkehr, glückselig lächelnd, nur von einem sprach: Mattia. Der Kontakt mit ihm riss danach nicht ab; wir schickten uns täglich Nachrichten per Whatsapp. Wenn sein Name auf dem Display erschien, machte mein Herz einen Luftsprung. Es war wunderbar, Mattia jeden Tag zu erzählen, was gerade in meinem Leben passierte, und zu hören, was bei ihm los war. Drei Wochen später, Ende Juli, war ich bereits wieder auf dem Schiff. Was irgendwie verrückt war, denn so eine Kreuzfahrt kostet viel Geld.

Diesmal meldete Mattia mich bei seinem Arbeitgeber als Besuch an, sodass wir seine freie Zeit offiziell zusammen verbringen konnten. Wir verließen das Schiff kein einziges Mal. Wir waren zusammen, und die Zweisamkeit fühlte sich einfach nur gut an. Abends besuchte ich seine Show, genoss es, ihm zuzuhören, genoss es, wie er mich anlächelte, wenn er einen meiner Lieblingssongs spielte. Ich verspürte eine unglaubliche Leichtigkeit in mir, es war schön, einfach nur da zu sein, zu tanzen und vor allem viel Zeit mit Mattia zu verbringen. Die Bindung zwischen uns wurde immer intensiver. Obwohl mein Verstand mir sagte, dass etwas mehr emotionale Distanz gut wäre – allein schon deshalb, weil er auf dem Schiff bleiben und ich in die Schweiz zurückkehren würde. Am Ende meiner Reise einigten wir uns darauf, dass ich ihn im Oktober wieder besuchen würde – falls unsere Gefühle dann noch Bestand hätten, denn immerhin würden bis zu unserem Wiedersehen ja etliche Wochen vergehen.

Den Plan, uns nicht täglich zu schreiben und damit etwas Distanz zu wahren, konnten weder Mattia noch ich einhalten. Ich vermied es aber, unsere Bindung als Beziehung zu bezeichnen, da ich glaubte, das würde das Getrenntsein nur noch schwerer machen. Doch ich vermisste ihn sehr. Dass sich in dieser Zeit meine Freundin Martina auf ihre Auswanderung vorbereitete, machte die Sache nicht besser. Martina erfüllte sich damit einen lang gehegten Traum: in Südamerika Neues für sich entdecken. Leider ist bei mir die emotionale Komfortzone außerordentlich schmal. Schöne wie traurige Gefühle machen mir, wie gesagt, enorm zu schaffen. Und so litt ich. Der Schmerz über den drohenden Verlust der Freundin war dabei genauso stark wie die überwältigenden Gefühle für Mattia. Doch es sollte noch schlimmer kommen.

Ende August reiste Martina ab. Am Abend zuvor hatte ich versucht, mich zusammenzureißen, ich wollte ihr ja die Vorfreude nicht nehmen und gönnte ihr von Herzen, dass sie ihren Traum verwirklichen konnte. Doch der Abschied war schmerzhaft, wir lagen uns weinend in den Armen. Nur einen Tag später machte ich mich selbst auf den Weg. Zurück aufs Schiff. Die Reise hatte ich nur wenige Tage zuvor gebucht. Denn Mattia war es in dieser Zeit ebenfalls nicht gut gegangen. Die lange Zeit an Bord – er war bereits seit sechs Monaten ohne Unterbrechung auf dem Schiff – zerrte an seinen Nerven, und ich wollte für ihn da sein, wollte bei ihm sein. Und, ja sicher, auch ich selbst brauchte etwas Trost und Ablenkung wegen des Abschieds von meiner Freundin.

Auch dieses Mal war unsere Wiedersehensfreude riesig. Ich kann es kaum in Worte fassen. Zwischen uns herrschte eine einzigartige natürliche Energie, so etwas hatte ich in dieser Art und Weise noch nicht erlebt. Inzwischen war ich ja bereits das dritte Mal bei Mattia, und anfänglich verlief auch alles gut. Wir genossen jede Sekunde unserer gemeinsamen Zeit. Bis zu jenem einen Abend. Mattia sang und spielte wie gewöhnlich seine Lieder, während ich – ebenfalls wie immer – allein an einem Tisch saß und zuhörte. Da lud mich eine Gruppe junger Spanier ein, mich zu ihnen zu setzen. Und weil die Musik von Mattia so gut war, tanzten wir auch miteinander. In meinen Augen war das kein Problem. Nach seinem Auftritt schlug ich ihm vor, mit den Spaniern in eine der anderen Bars weiterzuziehen. Mattia wollte nicht. Wollte reden. Mit mir allein. Ich verstand nicht, wieso. Reden konnten wir doch auch später noch. Mattia ließ mich verärgert stehen. Und ich zog mit der Gruppe Spanier weiter.

Nun ja, am nächsten Tag entschuldigte er sich bei mir, wir wollten die Sache vergessen. Und ich dachte auch, dass uns die Versöhnung gelungen sei. Denn die restlichen Tage verliefen in Harmonie. Den Abschied beschlossen wir dann, kurz und schmerzlos zu halten. Ein letzter Kuss. Eine letzte Berührung. Ein letzter Blick. Ich reiste mit dem Wissen in die Schweiz zurück, ihn im Oktober, also in sechs Wochen, wiederzusehen. Leider kam es anders.

Wir hielten den Kontakt aufrecht. Er schrieb mir jedoch fast täglich per Whatsapp, dass es ihm nicht gut gehe, dass er sein Zuhause, seine Freunde, seine Familie vermisse. Die immer gleiche Routine an Bord, die mangelnde Privatsphäre – er teilte sein Zimmer mit einem anderen Crewmitglied – schlugen ihm schon länger aufs Gemüt. Dazu kamen nun noch zusätzlich zermürbende Regeln an Bord: Der Musikdirektor hatte gewechselt, und der neue verbot den Musikern nicht nur, den Gästebereich zu betreten – sie durften also weder in eine Bar noch in eine Disco noch in irgendeinen anderen Freizeitbereich –, er untersagte ihnen sogar, mit den Gästen zu reden. Das hatte auch für uns Konsequenzen, denn wir würden uns nur noch in meinem Zimmer oder an Land treffen können, was ich selbst allerdings als nicht so dramatisch empfand. Für Mattia bedeutete das jedoch eine massive Einschränkung der Bewegungsfreiheit. Das verstand ich lange nicht. Zu lange.

Denn ungefähr vier Wochen vor meinem nächsten Besuch schrieb Mattia, dass es in seinen Augen besser wäre, wenn wir uns erst wiedersähen, nachdem er im November das Schiff verlassen habe. Das war ein Schock für mich. Ich hatte mich so auf ihn gefreut. Zweifel stiegen auf. Warum wollte er nicht, dass ich nochmals aufs Schiff kam? Waren meine Gefühle stärker als seine? Oder gab es etwa eine andere Frau? Wir hatten unsere Beziehung ja nicht als eine feste Partnerschaft definiert. Die Erklärungen, die er mir gab, verstand ich einfach nicht. Das alles war doch kein Grund, unser Wiedersehen so lange hinauszuschieben.

Zutiefst verletzt, wusste ich nicht, wohin mit dem Gefühlssturm, der in mir tobte, und reagierte wieder einmal radikal: Ich erklärte ihm, dass ich in diesem Fall nicht mehr schreiben und nicht mehr telefonieren würde, bis er im November von Bord gegangen sei. Ich wollte nicht hilflos aus der Ferne sein tägliches Elend mitbekommen, ohne etwas dagegen tun zu können. Und irgendwie war es wohl auch ein Versuch, ihn umzustimmen. Mattia konnte seinerseits meine Reaktion nicht verstehen. Der Kontakt brach dann tatsächlich ab, denn es folgte noch eine Auseinandersetzung, bei der Unverständnis auf Unverständnis stieß und an deren Ende die Worte fielen, dass er seine Freiheit brauche und mich nicht wiedersehen wolle. Autsch.

Ich weinte. Tagelang. Gab mich meiner Trauer hin. Es wurde mir einfach alles zu viel. Das arbeitsreiche Jahr, der Abschied von meiner Freundin und nun auch noch der Verlust von Mattia, den ich doch eben erst in mein Herz hineingelassen hatte. Ich empfand eine Mischung aus Trauer, Wut, Verständnislosigkeit, kämpfte mit dem Gefühl, abgelehnt zu werden, und litt unter einem derart tiefen seelischen Schmerz, dass ich gern auf Lorazepam zurückgegriffen hätte, das Medikament, das die unerträglichen Gefühle in mir dämpfen konnte. Leider war es in dieser Zeit in der Schweiz nicht lieferbar, und so versuchte ich ein paar Tage lang, den Schmerz mit Alkohol zu betäuben. Was eine wirklich dumme Idee war, denn das machte die Situation natürlich nicht besser, im Gegenteil.

Wie sollte ich nun aber damit umgehen, dass meine Gefühle offenkundig nicht mehr erwidert wurden? Gab es eine andere Möglichkeit, als dies zu akzeptieren, auch wenn es noch so schwerfiel? Da war ich wieder einmal beim Thema Loslassen, dem Yoga-Thema schlechthin. Natürlich ist das immer einfacher gesagt als getan. Loslassen ist ein Prozess, der nicht von heute auf morgen gelingt. Doch was konnte ich genau in diesem Moment machen, damit es mir besser ging? Zum einen mal froh darüber sein, dass ich inzwischen ein Umfeld hatte – meine Familie, Freundinnen und Freunde –, das mir half, mich wieder aufzurappeln.

Zum anderen musste ich mir aber auch in Erinnerung rufen, welche Person ich vor dieser Erfahrung gewesen war: nämlich eine selbstbewusste Singlefrau, die in ihrem Leben große Schwierigkeiten überwunden hatte und die lange Zeit ohne Partner ausgekommen war, und zwar gut! Ich hatte selbstsicher auf meinen eigenen Beinen gestanden. Mich den Herausforderungen gestellt, statt den Kopf in den Sand zu stecken.

Diese Person hatte ich in den vergangenen Wochen irgendwie aus den Augen verloren. Also suchte ich nach ihr. Und mir wurde wieder klar, wie enorm viel ich erreicht hatte in den vergangenen Jahren: Von einer suchterkrankten Person mit Minderwertigkeitsgefühlen hatte ich mich zu einer starken Frau entwickelt.

Außerdem begann ich über das, was zwischen Mattia und mir vorgefallen war, zu schreiben, genau wie mein Vater es mir einmal geraten hatte. Und ich muss sagen, es tat mir gut. Es half mir, alles aus einem anderen Blickwinkel zu betrachten. Ich konnte mein eigenes Verhalten analysieren und mich ein Stück weit in Mattia hineinversetzen. Dann nahm ich tatsächlich nochmals Kontakt mit ihm auf. Denn meine Ärztin meinte, eine Tür derart definitiv zuzuschlagen, sei nicht gesund, so finde man keinen Frieden. Zudem war es mir wichtig, keine Wut mit mir herumzutragen. Und ja, die Verärgerung und die Empörung hatten sich gelegt. Wir konnten uns aussprechen und sogar Verständnis dafür aufbringen, wie wir reagiert hatten. Beide schlossen wir mit der Situation Frieden. Wieder zusammengefunden haben wir nicht. Den Kontakt aber auch nicht ganz abgebrochen.

Während ich diese Zeilen schreibe, sitze ich in meinem Garten und schaue in den strahlend blauen Himmel über dem Simplon. Und nein, die Traurigkeit habe ich noch nicht ganz überwunden, aber das Vertrauen in mich, das ich mir in den vergangenen Jahren angeeignet habe, ist wieder da und bestärkt mich in der Gewissheit, dass ich zurück bin. Zurück im Leben.

Epilog

Und nach uns werden die Pflanzen wachsen, und die
Pflanzen werden die Wege bedecken, die wir gegangen sind.
Wege, eingeweiht von unseren beharrlichen Schritten.

Mahmud Darwisch

»… und die Pflanzen werden die Wege bedecken, die wir
gegangen sind.« Ich finde dieses Zitat wunderschön, denn es
besagt für mich, dass das Leben weitergeht und Gras über die
Vergangenheit wächst. Zumindest mir ergeht es so: Meine
Drogenvergangenheit verliert zunehmend an Bedeutung. Obwohl sie ein unabdingbarer Teil meines Lebens ist, scheint sie
heute Lichtjahre entfernt zu sein. Vor zehn Jahren hätte ich
nicht gedacht, das einmal sagen zu können, so schambehaftet
war jene Zeit. Heute schäme ich mich nicht mehr. Und ich
gehe, wenn ich nicht gerade ein Tief durchschreite, selbstbe-
wusst durchs Leben. Ich bin Yogalehrerin. Integrationsdelegierte. Und Gemeinderätin einer Stadt mit über zehntausend
Einwohnerinnen und Einwohnern.

Das Leben ist ein Auf und Ab. Wie im Ozean, wo der Sturm
manchmal die Wellen hoch auftürmt. In sehr schlimmen Zeiten erlaube ich mir, Hilfe zu holen. Geht es nicht ganz so stür-

misch zu, gelingt es mir aber zunehmend, mich selbst zu beruhigen. Das ist eine der tollsten Erkenntnisse der letzten Jahre. Denn durch meine extreme Sensibilität, die vielen Reize, die im Alltag auf mich einstürmen, war ich oft sehr müde; in meinem Kopf summte es wie in einem Bienenhaus. Noch heute ist es das, womit ich im Alltag am meisten zu kämpfen habe. Inzwischen kann ich aber etwas dagegen tun: Pausen einplanen, mir eine Rückzugsmöglichkeit sichern und – natürlich! – Yoga üben.

Der Atem ist dabei mein bester Freund geworden. Indem ich mich auf ihn konzentriere, komme ich zur Ruhe. Denn verlängere ich das Ausatmen, verlangsamt sich mein Puls. Manchmal verstärke ich die Reaktion noch mit dem Mantra »Ich atme Ruhe ein und ich atme Anspannung aus«. Durch dieses bewusste Atmen kann ich auch körperliche Spannungszustände lösen: Ich konzentriere mich auf das verspannte Körperteil, zum Beispiel den Kiefer, den Nacken oder die Schultern, und lasse bei jedem Ausatmen etwas mehr los. So findet nicht nur mein Geist Ruhe, auch mein Körper entspannt sich.

Ein weiteres Werkzeug, das mir im Alltag hilft, ist Achtsamkeit. Wie oft versuchen wir in aller Hektik, tausend Dinge auf einmal zu erledigen? Doch das verursacht nur noch größeren Stress. Ganz abgesehen davon, dass wir dann auch Fehler machen, deren Behebung uns später zusätzlich Zeit kostet. Ich erledige heute lieber eines nach dem anderen, dafür mit meiner vollen Aufmerksamkeit. Damit bin ich letztlich schneller, mache weniger Fehler und fühle mich auch weniger gestresst. Wenn nur der Moment zählt, machen wir uns zudem keine Gedanken um die Vergangenheit oder die Zukunft. Wie oft sorgen wir uns beispielsweise wegen Dingen, die nur eventuell geschehen könnten. Das ist verlorene Zeit! Um Probleme können wir uns dann kümmern, wenn sie tatsächlich auftreten. Achtsam im Moment zu bleiben, gelingt mir nicht immer, inzwischen aber doch erfreulich oft.

Achtsamkeit hilft übrigens auch bei der Suche nach dem Glück. Denn auch das liegt nicht in der Zukunft, nicht in dem, was wir unbedingt noch machen oder haben wollen. Wir finden unser Glück im Moment. Manchmal zähle ich abends vor dem Einschlafen die Dinge auf, für die ich dankbar bin und mich glücklich schätze. Das kann eine schöne Begegnung gewesen sein oder auch einfach die Tasse Kaffee, die ich in aller Ruhe in der Sonne genossen habe.

Ich habe dir nun also meine Geschichte erzählt. Und wie angekündigt, habe ich nichts ausgelassen. Ich wollte ehrlich sein. Was ich mir jetzt wünsche? Dass uns klar wird, dass so gut wie jeder Mensch Probleme hat, die für ihn belastend sind. Und dass wir offen darüber sprechen sollten, denn nur so können wir uns gegenseitig helfen. Und dass wir aufhören sollten, uns ständig mit anderen zu vergleichen. Denn jeder Mensch ist einzigartig. Nehmen wir uns also so, wie wir sind. Akzeptieren unsere Schwächen genauso wie unsere Stärken. Und vergessen unsere Mitmenschen nicht.

Briefe der Eltern

Kinder bedingungslos zu lieben, ist, sie für das zu lieben, was sie sind, nicht für das, was sie tun. Das wirst du nicht jeden Tag schaffen. Aber es ist das, was wir jeden Tag in unserem Herzen tragen sollten.

Stephanie Marston

Brief von Reinhard Eyer

Liebe Silvia,

es war kurz vor Mitternacht, am 2. Oktober 2000, als die Polizei bei uns anrief. Eigentlich erhoffte ich einen Anruf von dir, Silvia, weil du wieder einmal zu so später Stunde verbotenerweise unterwegs warst. Immerhin warst du gerade erst sechzehn geworden. Aber es war die nüchterne Stimme eines Polizisten, die mich aufforderte, dich, unsere Tochter, auf dem Posten abzuholen. Böses ahnend, fragte ich nicht lange und ging hin. Da eröffnete mir ein Polizist, dass sie dich am Bahnhof mit Heroin erwischt hätten und dass ein Verfahren eröffnet worden sei. Aber ich könne dich jetzt mit nach Hause nehmen. Es war ein Schock und gleichzeitig eine Art Befreiung. Befreiung von diesem ewigen Ahnen und nicht Wissen, von dieser Unsicherheit, diesem Zweifeln, Vermuten, Hoffen, Befürchten und Fragen. Und es war ein Schock, weil nun genau das Gewissheit wurde, was wir am meisten befürchtet hatten und nicht wahrhaben wollten: Unsere Tochter war süchtig, heroinsüchtig.

Anzeichen hatte es in den vorangegangenen Monaten viele gegeben. Aus dem stillen Mädchen war in kurzer Zeit eine laute Punkerin geworden. Du schnittest dir die Haare halbseitig weg, trugst einen Irokesen und Ledergurte mit Nägeln. Du verkehrtest mit neuen, zum Teil viel älteren Freunden, die uns suspekt vorkamen. Aber kann man Freundschaften verbieten?

Oder den Irokesen? Wir fragten. Woher kennst du diese Leute? Wer ist dieser Mann, mit dem wir dich schon mehrmals gesehen haben? Du hattest immer erklärende Antworten. Das ist ein armer, aber lieber Kerl. Später zeigte sich, dass es der Mann war, der dir auch Heroin gab.

Wir haben gezweifelt und doch nicht genau hingeschaut. Wir wollten glauben und fürchteten das Schlimmste. Und es *wurde* schlimmer. Es verschwand auf ungeklärte Weise Geld. Du kamst immer häufiger erst spätabends nach Hause. Wir haben verboten, wir haben bestraft. Ich erinnere mich an ein Gespräch. Du wolltest an ein Punkertreffen irgendwo außerhalb des Kantons. Du wolltest da über Nacht bleiben und wolltest Geld. Wir sagten Nein. Du drohtest wegzulaufen. Was tun? Was war schlimmer? Dich an dieses Konzert gehen zu lassen oder zu riskieren, dass du wegliefst? Ich sagte dir, dass ich dich ja nicht einschließen könne. Wenn du also wirklich weglaufen wollest, dann könne ich das nicht verhindern, auch wenn ich es noch so möchte, die Tür sei nicht verschlossen. Da war in deinem Gesicht ein Lächeln wie ein Triumph zu sehen.

Unser Ahnen und Befürchten wurde immer stärker. Was war da wirklich los? Wir haben immer wieder gefragt. Wir haben immer wieder Antworten bekommen. Aber stimmten die auch? Es war ein dauerndes Zweifeln, Hoffen, Verdrängen und ein Suchen nach der richtigen Antwort, nach dem richtigen Tun. Wir wollten dich nicht verlieren, aber wir wussten auch nicht, wie wir dich halten können. Und dann kam eines Abends der vorhin erwähnte Anruf der Polizei. Da war es endlich klar. Da gab es kein Ahnen mehr, kein Verdrängen. Unsere Tochter war heroinsüchtig: Schock und endlich Klarheit. Da war kein Zorn mehr, kein Zweifeln. Da war nur eines: dir helfen, aus diesem Sumpf herauszukommen.

Wir wussten: Allein schaffen wir das nicht. Also haben wir Hilfe gesucht bei der Drogenberatung, bei den Behörden. Sehr schnell war klar: Du brauchst eine Therapie in einem für Drogenprobleme spezialisierten Heim. Und du warst bereit, diesen Weg zu gehen, wohl, weil im Hintergrund das Gericht mit einer geschlossenen Anstalt drohte. Ich brachte dich in dieses Therapiezentrum in der Ostschweiz. Stark in Erinnerung geblieben ist mir dabei die Empfangsszene. Wir saßen zur Aufnahme im Empfangsraum. Da wurdest du freundlich, aber bestimmt aufgefordert, dein Gepäck zu zeigen. Der Therapeut nahm jedes Kleidungsstück, jeden Beutel und untersuchte alles peinlich genau. Und dann erklärte er dir die Hausregeln. Da war mir klar: Du gehst da einer schwierigen Zeit entgegen. Aber ich war mir sicher, dass du dort gut aufgehoben warst, und fuhr hoffnungsvoll nach Hause.

Allerdings: Dieses gute Gefühl hielt nicht lange. Schon nach wenigen Tagen kam die Meldung, du seist abgehauen. Und sofort war wieder die Angst da: Wo bist du? Was tust du dir an? Nur wenige Tage später wurdest du von der Polizei auf dem Bahnhof Basel aufgegriffen und zurückgebracht. Und wieder die Hoffnung, berechtigt diesmal. Du hieltest durch und begannst im Rehabilitationszentrum eine kaufmännische Lehre. Gegen Ende der Therapie konntest du sogar außerhalb wohnen. Kurz darauf fandest du einen Freund, etwas älter als du, aber wir freuten uns mit dir. Was wir nicht wussten: Dieser Freund, der zwar einer geregelten Arbeit nachging, war drogenabhängig. Und schon bald warst du wieder mittendrin.

Es wurden sehr schwierige Jahre für uns. Immer wieder diese Hoffnung. Immer wieder diese Enttäuschung. Immer wieder angelogen werden. Zu wissen, dass man angelogen wird, und trotzdem nicht Nein sagen können, immer wieder helfen, mit

Zuhören, mit Geld, auch dann, wenn wir sehr stark vermuten mussten, dass das Geld wieder in die Drogen geht.

Warum? Warum haben wir das gemacht? Wir haben in diesen Jahren viele Ratschläge bekommen. Das dürft ihr euch doch nicht bieten lassen. Das hilft nur den Drogen, der Sucht, aber nicht eurer Tochter. Ihr müsst sie fallen lassen, damit sie endlich merkt, dass es so nicht weitergehen kann. Wir haben hingehört und trotzdem weiter geholfen. Nicht, weil ich überzeugt war, dass das richtig war. Wir konnten einfach nicht anders. Liebe ist ein großes Wort. Ich weiß. Aber trotzdem: Es war einfach selbstverständlich. Du warst und bist ein Teil von uns. Und wir konnten dich bei diesen großen Problemen doch nicht einfach allein da draußen lassen.

Nach der Therapie wolltest du nicht zurück ins Wallis kommen. Vielleicht wolltest du uns schonen. Vielleicht wolltest du verstecken, dass du schon wieder in den Drogen bist. Ich habe halbe Nächte von dir wachgeträumt. Es waren keine schönen Träume. Ich bekam Angst, wenn das Telefon läutete. Schon wieder eine Hiobsbotschaft? Aber trotzdem: Tief in mir hatte ich das Gefühl: Wir schaffen das. Du findest deinen Weg.

Und du hast es geschafft. Allerdings, dein Entscheid, jetzt wirklich loszukommen von den Drogen, war noch lange nicht das Ende. Wie oft habe ich dieses halb erstickte Weinen gehört, als du wieder bei uns wohntest. Nicht nur das Loskommen von der Sucht war schwer. Schwer war auch der Weg zurück in die Gesellschaft. Wieder Vertrauen zu den Menschen finden, endlich Vertrauen in dich selbst zu finden. Das war vielleicht noch schwieriger als das Loskommen von den Drogen. Oft, wenn ich dieses Weinen hörte, bin ich hinuntergegangen zu dir. Habe dich in den Arm genommen, und dann haben wir geredet. Ich hatte Angst vor diesen Gesprächen,

Angst davor, deine Verzweiflung, deinen Schmerz zu sehen, Angst, von den Problemen zu hören, die du mit dem Freund hattest, mit der Arbeit, mit dir selbst, immer wieder.

Und doch, diese Gespräche – es war ja mehr ein Zuhören, einfach ein Dasein für dich – haben mich reicher gemacht. Ich habe in dieser Zeit viel gelernt. Ich habe gelernt, das Leben, die Dinge so anzunehmen, wie sie sind. Ich habe gelernt, mit meinen Ängsten umzugehen, sie in den Hintergrund zu stellen und abzubauen, so gut das eben ging. Angst hilft niemandem. Sie behindert nur und führt nicht selten in die falsche Richtung. Ich habe gelernt, einfach da zu sein und zu helfen, so gut ich eben konnte. Und ich habe gelernt, die Schwächen – meine und die von anderen – als menschlich zu akzeptieren.

Ja, es waren unendlich schwierige Jahre. Aber sie haben mir auch sehr viel gegeben.

Liebe Silvia, du hast mich zu einem besseren Menschen gemacht. Und auch wenn ich niemandem wünsche, das zu erleben, bin ich trotzdem dankbar dafür. Du hast mich gefragt, ob ich nach all diesen Erfahrungen mit dir anderen betroffenen Eltern einen Ratschlag erteilen könnte. Doch da gibt es nur weniges. Ich bin überzeugt, dass der Entscheid, wirklich aus der Sucht auszusteigen, nur aus dem Süchtigen selber kommen kann. Man kann den Ausstieg nicht befehlen oder erzwingen. Die vielen Rückfälle zeigen das deutlich. Der Ausstieg ist eine Wahnsinnsleistung des Süchtigen selber. Wir können nur helfend beistehen, mit allen Fehlern, die wir dabei machen. Also bei allem Zorn und aller Angst: Lasst einen süchtigen Menschen einfach nicht fallen. Ihr seid der Anker, an dessen Kette er sich vielleicht aus dem Sumpf ziehen kann. Wenn man einen Menschen liebt, ist Dazusein eine Selbstverständlichkeit. Sehr wichtig finde ich aber, dass die Gesellschaft jemandem, der aus der Sucht herauswill, auch einen Platz bietet, eine Arbeit, denn nur so kann er oder sie sich wieder in ein normales Leben einfinden. Helfen kann auch Offenheit. Deine offene Art, liebe Silvia, und wie du selbst mit deiner Geschichte umgehst, das half uns allen, und dein Mut, alles offenzulegen, verdient meine größte Hochachtung.

Ja, es war für mich schwierig, die ganze Geschichte erstmals so nackt und ungeschminkt zu lesen. Aber es war auch schön, zu sehen, dass du damit einen Schlussstrich unter eine sehr schwierige Zeit gezogen hast.

Ich habe viel vom Schmerz geschrieben. Aber jetzt, am Ende der Geschichte, ist ganz eindeutig die Freude größer.

Brief von Denise Eyer-Oggier

Liebe Silvia,

heute Morgen, nur wenige Stunden bevor ich diese Zeilen schrieb, holte ich Bettwäsche aus deinem ehemaligen Kinderzimmerschrank. Dabei fiel mein Blick auf ein grün gespraytes Anarchiesymbol, das auf der Türinnenseite prangte. Ich war schon oft an diesem Schrank, aber heute nahm ich dieses Symbol mit ungewöhnlich großer Intensität wahr. Warum? »Man findet, was man sucht« – das gilt in der bildenden Kunst und überhaupt in allen kreativen Berufen als Wahrnehmungsfunke und trifft auch auf unsere Wahrnehmung im Alltag zu. Und nun, bevor ich mich hinsetzen und schreiben wollte, nahm ich das Anarchiesymbol in der Schranktür als eines der etlichen Anzeichen wahr, die es gegeben hatte und die uns aufzeigten, dass du in Opposition gegangen warst. Allerdings hatte ich lang keinen Handlungsbedarf gesehen: In der Pubertät gibt es viele vorübergehende Erscheinungen, wie etwa krasse Veränderungen im Aussehen, das gehört zur Persönlichkeitsentwicklung.

Ein weiterer Grund mag sein, dass ich selbst eine schwierige Kindheit und Jugend hatte. Meine Mutter war psychisch krank, litt unter Depressionen. Sie lag oft tagelang, halb betäubt von Medikamenten, im Bett. Weinte viel und drohte immer wieder, sich umzubringen. Eines Tages zerschnitt sie mir auch noch meine Lieblingsjeans, sie waren ihr zu hippiemäßig. Das traf mich sehr hart, weil ich die Jeans bei einem Schulaufenthalt in London gekaufte hatte, von meinem mühsam ersparten Geld. Das Verhältnis zu meiner Mutter war also eher schwierig, und ich schwor mir, meinen Kindern so etwas nicht anzutun. Bestimmt war ich dir gegenüber deshalb eher nachsichtig. Was nicht heißt, dass ich mir keine Sorgen machte! Aber ich wollte Verständnis zeigen für deine Rebellion.

Im Sommer 2000 fuhren wir zusammen nach Barcelona, wo ich in einer Galerie meine Bilder ausstellte. Wir verbrachten schöne Stunden am Strand und in der Altstadt. An einem Abend besuchten wir auch eine Diskothek. Damals schien mir, als ob du auf Drogen wärst. Du strittest es ab. Ich hatte sehr große Mühe, dich zurück ins Hotel zu bringen, und in der Nacht warst du extrem unruhig. Niemals hätte ich aber vermutet, dass du harte Drogen konsumiertest. Ich nahm an, dass du zwar ab und an kifftest, aber schon wieder auf den rechten Weg zurückfinden würdest. Daniel und Leander, deine Brüder, hatten die Pubertät problemlos durchlaufen. Und da jeder in unserer Familie seinen festen Platz hatte und seine besonderen Begabungen, glaubte ich, dass du deinen Platz halt noch nicht gefunden hattest und deshalb rebelliertest. Ein paar Monate später, als die Polizei anrief und uns mitteilte, dass du mit Heroin erwischt worden warst, zerstob dann die Illusion, dass du nur eine ziemlich wilde Pubertätsphase durchlebtest.

Ich verspürte eine große Leere in mir, als du in das Therapiezentrum Lutzenberg kamst, ich vermisste dich, meine Tochter. Gleichzeitig hoffte ich aber auch sehr, dass man dir dort helfen konnte. Wir sahen – nach dem kurzen Ausreißversuch – dann auch bald die ersten Fortschritte, was mich sehr freute. Das Konzept dieser Einrichtung mit den Wohngemeinschaften und den realitätsnahen Arbeitsplätzen fand ich sehr gut. Und ich erinnere mich auch gern an die beiden Urlaube, die wir während der Therapie zusammen machen durften. Wir hatten wieder eine richtig schöne Mutter-Tochter-Beziehung. Damals hörte ich erstmals davon, dass du viel Zeit für dich selbst brauchst. Dir die zu geben, musste ich allerdings erst lernen.

Solange du in der Therapie warst, war ich sehr beruhigt. Dort lebtest du in einem geschützten Rahmen. Und auch als du nach der Therapie nach Sankt Gallen zu Markus, deinem neuen Freund, zogst, war ich noch nicht besorgt. Er machte einen guten Eindruck auf mich. Und du beteuertest, dass es dir mit ihm gut gehe. Doch dann besuchte ich dich eines Tages, angemeldet. Wir gingen gemeinsam zu Abend essen. Du warst irgendwie weggetreten und unsicher auf den Beinen und wärest später an der Bushaltestelle beinahe zusammengebrochen. Da wurde mir klar, dass etwas nicht stimmte. Du gabst dann auch zu, dass du wieder süchtig warst.

Als du uns eröffnetest, dass du dich von Markus trennen und mit deinem neuen Freund nach Griechenland gehen wolltest, versuchten wir das natürlich zu unterbinden. Doch du hautest einfach ab. Es war, als hätte man mir einen Kessel eiskaltes Wasser über den Kopf geschüttet. Alle Hoffnungen waren zunichte. Es zog mir den Boden unter den Füßen weg, eine Zeit lang funktionierte ich nur noch wie ein Roboter. Wir hörten damals einige Wochen nichts von dir. Dann brauchtest du wieder Geld. Als dein Vater dich schließlich aus Griechenland zurückbrachte, war ich geschockt. So abgemagert und in einem so schlechten Zustand hatte ich dich noch nie gesehen.

Die nächsten Jahre waren dann ein einziges Auf und Ab der Gefühle. Ich konnte nie sicher sein, dass du mir die Wahrheit sagtest, wusste also nicht, wie es dir wirklich ging. Meine

Therapie war die Malerei. Ich zog mich in mein Atelier zurück. Ohne meine Kunst hätte ich diese schwierigen Jahre kaum bewältigt. Durch das Malen konnte ich meine Gefühle ausdrücken und verarbeiten.

Wie freute ich mich, als du tatsächlich mit deinem Freund zu uns nach Naters gezogen bist. Bis zum nächsten Schock dauerte es allerdings nicht lang. Eines Morgens gegen sieben Uhr klingelte es an der Tür. Die Polizei hatte aus Versehen bei uns geklingelt statt bei dir. Sie nahmen euch beide mit. Ohne uns eine richtige Erklärung zu geben. Ich war fassungslos. Und fuhr entsprechend verstört nach Bern, wo ich an jenem Morgen unterrichten musste. In der Klasse angekommen, hatte ich aber schon bald keine Kraft mehr, brach ab und fuhr zurück ins Wallis. Während der ganzen Zugfahrt weinte ich, und ich erinnere mich noch sehr gut, dass niemand mich fragte, was los sei. Niemand. Das ist wohl so in unserer Gesellschaft: Wir achten zu wenig auf unsere Mitmenschen.

Zum Glück dauerte es nicht mehr lange, bis du tatsächlich den Absprung schafftest. Die Angst, dass du rückfällig werden könntest, verschwand aber noch eine ganze Zeit nicht. Die Beziehung zu dir hatte ich jedoch zu keiner Zeit infrage gestellt. Du konntest immer auf mich zählen, und ich versuchte immer, dir zu helfen, wenn du ein Problem hattest. Wie du dich verhieltest, habe ich immer der Sucht zugeschrieben. Ich habe das nie als gegen mich persönlich gerichtet wahrgenommen.

Die Zuversicht und das Vertrauen in dich sind inzwischen riesig. Ich erlebe dich täglich als kompetente Berufsfrau, die ihre diversen Aufgaben professionell meistert und Termine verlässlich einhält. Und, Silvia, du bist eine wunderbare Yogalehrerin. Du hast mich sehr gute Atemtechniken und Dehnungsübungen gelehrt und mir die Philosophie des Yoga nähergebracht. Und wenn ich mal wieder ein Problem habe, frage ich dich ebenfalls um Rat. Deine Antworten verblüffen mich immer wieder. Ich bin sehr stolz auf dich.

Von dem Künstler, Autor und Mentor Steve Santana gibt es ein schönes Zitat, das ich hier sehr passend finde:

Die schönsten Menschen, die ich kenne, haben einiges durch-gemacht. Und sie strahlen immer noch. Genau deswegen haben sie eine starke Sensibilität und ein großes Verständnis für die Herausforderungen des Lebens. Das sind sie, die mutigen See-len, die auch unsere Dunkelheit erhellen.

Danke, Silvia!

Nachwort

von Elke Lüscher,
Sozialpädagogin, Rehabilitationszentrum Lutzenberg

Als ich Silvia Eyer zum ersten Mal die Hand gab, stand eine ruhige, in sich gekehrte sechzehnjährige Punkerin vor mir. Sie trug Kampfstiefel und einen Irokesenschnitt, um ihren Hals hatte sie ein nietenbestücktes schwarzes Lederband. Es war schnell klar, dass sie die Therapie in der Ostschweiz nicht freiwillig begann. Im Gegenteil: Nach ihrem Ermessen befand sie sich am Ende der Welt. Komplett abgeschottet, herausgerissen aus der ihr so vertrauten Umgebung, fern der geliebten, sie behütenden Familie, getrennt von den konsumierenden Freunden und Freundinnen. Entwurzelt – so nahm ich sie wahr. Und doch: In ihrem Äußeren, in ihrem Auftreten sah ich nicht nur den Mut, anders zu sein, sondern auch ein Stück Selbstliebe. Ich war vom ersten Moment an zuversichtlich, dass in diesem jungen, innerlich zerbrochenen, ebenso sensiblen wie rebellischen und gleichzeitig sehr liebenswerten Menschen genau der Funke Lebenswille glühte, der sich eines – wenn auch sehr fernen – Tages zu einem lodernden Feuer entwickeln würde.

Silvia fühlte sich zu Beginn der Therapie sehr einsam, und es galt, Schritt für Schritt eine vertrauensvolle Arbeitsbeziehung aufzubauen. Und tatsächlich fand sie ihren Platz in der Gruppe, und der Lutzenberg konnte eine temporäre Ersatzfamilie für die Teenagerin werden. Mit der Zeit wuchs ihre

Bereitschaft, über ihr Inneres, ihren Schmerz und ihre Selbstzweifel zu reden. Für uns galt es, mittels eines geregelten Alltags und klarer Strukturen die Leere, die sie fühlte, zu füllen und ihr so Sicherheit, Zuversicht, Orientierung und Optimismus zurückzugeben. Silvias exzellente Anpassungsfähigkeit, sicher aber auch die unausgesprochene Hoffnung, dass es wieder bessere Tage geben wird, halfen ihr, eine berufliche Perspektive aufzubauen und bei uns eine kaufmännische Lehre zu beginnen. Aber natürlich unterschied sich Silvia in vielem nicht von den anderen Süchtigen, die bei uns in Therapie waren; auch sie gehörte zu den liebenswerten Schlitzohren, die genau wussten, was wir hören wollten.

Dass sie nach der beendeten Therapie bei uns rückfällig wurde, erfuhr ich erst viel später, aber es ist leider so, dass es unendlich schwer ist, sich von den konsumierenden Freunden zu verabschieden, sich vom »sicheren« Umfeld zu lösen, dem alten Leben definitiv Tschüss zu sagen. Denn trotz dem Ekel, den viele Süchtige sich selbst und ihrer drogenkonsumierenden »Familie« gegenüber empfinden, ist das Gefühl des Dazugehören-Wollens extrem stark. Kein Wunder, denn wenn der stetig schreiende Suchtteufel im Nacken Gleichgültigkeit, Abwertung des eigenen Ichs und fehlende Lebensfreude bewirkt, ist es ungeheuer herausfordernd, in Bewegung zu kommen und eine Veränderung zu wagen.

Heute, mit über dreißig Jahren Berufserfahrung in der Suchtarbeit, bin ich der Überzeugung, dass Ressourcen erworben oder geweckt werden müssen, damit ein drogenfreies Leben gelingen kann. Um welche es sich dabei handelt, ist individuell verschieden. Wir müssen fragen: »Was bringt das Gegenüber in seinem Lebensrucksack mit? Was ist möglich und was nicht?« Sicher ist, dass ein tragendes, drogenfreies

Umfeld unabdingbar ist, um Vertrauen und Optimismus zu entwickeln. Ein Umfeld, in dem das Anderssein akzeptiert wird, in dem klar wird: »Du bist okay, wie du bist«, wo Sätze wie »Wir sind stolz auf dich« und »Wir stehen zu dir« keine leeren Floskeln sind, sondern authentisch ehrlich gelebt werden. Auf diesem Fundament ist es Süchtigen möglich, eine Zukunftsvision zu entwickeln, die sie zum Träumen bringt und ihnen ein Lächeln ins oft leblose Gesicht zaubert – so können sie den Mut finden, den ersten Schritt zur Veränderung zu wagen.

Veränderung heißt auch sich neu erfinden, innerlich wie äußerlich. Heißt Nein sagen lernen und für seine Bedürfnisse einstehen, heißt den Willen finden, sich mit professioneller Hilfe lösungsorientierte und erfolgversprechende Zwischenziele zu stecken. Diese Zwischenziele sind unabdingbar, wenn man das Ziel erreichen will. Und dabei gilt es, Erfolge nicht nur zu verbuchen, sondern – ganz wichtig! – sie auch als solche anzuerkennen und anzunehmen. Ebenfalls unabdingbar ist es, ein Scheitern zulassen zu können, um danach wieder aufzustehen und in Bewegung zu kommen.

Es ist ein steiler, schmerzhafter und sehr langer Weg, bis Süchtige sich selbst verzeihen, sich mit ihrer Vergangenheit versöhnen und sagen können: »Ich bin okay, wie ich bin.« Und genau das hat Silvia Eyer mit diesem Buch gemacht; sie hat sich angenommen. Respekt, liebe Silvia! Auch dafür, wie offen und ehrlich du uns an deinem facettenreichen jungen Leben teilhaben lässt und wie berührend du deinen steinigen Weg vom Schattenleben am Rand der Gesellschaft in eine lichtdurchflutete Lebendigkeit schilderst. Mit deinem Gang an die Öffentlichkeit machst du deinen Leserinnen und Lesern Mut, dem eigenen Weg zu vertrauen.

Dank

Ich danke …

… meinen Eltern Denise und Reinhard. Ihr habt mich nie im Stich gelassen. Ohne euch wäre ich nicht an dem Punkt, an dem ich heute in meinem Leben stehe. Ich könnte mir keine besseren Eltern wünschen!

… meinen Brüdern Daniel und Leander und ihren Ehefrauen Tina und Tamara. Ihr habt mir neben viel Verständnis meine Neffen und meine Nichte geschenkt. Peter, Ruben, Mina, Robert und Frédéric, es ist schön, dass es euch gibt.

… meinen Tanten und Onkeln, Cousinen und Cousins. Ihr habt mir auch in schwierigen Zeiten Verlässlichkeit geboten. Wir sollten bald mal wieder ein Familientreffen organisieren. Das letzte ist schon zu lange her ☺.

… Martina. Du bist genau zur richtigen Zeit in mein Leben getreten. Zusammen sind wir durch gute und weniger gute Zeiten gegangen. Dass du nach Peru gezogen bist, ist unendlich traurig, aber wir werden immer in Verbindung bleiben!

… Rhea. Es ist schön, dich an meiner Seite zu wissen. Mit deinen Ratschlägen zeigst du mir in schwierigen Situationen immer wieder einen neuen Blickwinkel auf.

… Diana. Mit deinen sagenhaften ayurvedischen Massagen katapultierst du mich regelmäßig in den Himmel der Entspannung. Mit deinem Heilkunde-Wissen bist und bleibst du mir ein großes Vorbild.

… Corinne und Mathias. Ihr habt mich zur Patentante eurer Tochter Vivien gemacht. Dieses riesige Vertrauen weiß ich sehr zu schätzen!

… Monique. Du nimmst dir immer viel Zeit für mich und gehst auf meine Bedürfnisse ein. Du wirst nie müde, mir zuzuhören und mit mir nach Lösungen zu suchen. Bei dir kann ich all meine Sorgen loswerden und fühle mich leichter, wenn ich deine Praxis wieder verlasse.

… Markus und Eliane. Ihr habt mir vor vielen Jahren eine Chance gegeben und mir den Schritt ins Arbeitsleben bei der »Regionalzeitung Aletsch Goms« ermöglicht. Das war ziemlich mutig von euch, bleibt bitte, wie ihr seid.

… all meinen weiteren Ausbildnerinnen und Ausbildnern. Von euch durfte ich so viel lernen. Ihr habt euer Können und euer Wissen an mich weitergegeben und mein Leben damit ungemein bereichert.

… dem Team im Rehabilitationszentrum Lutzenberg – und besonders Elke Lüscher für ihr Nachwort. Ich habe sehr viel Wissen über das Leben ohne Drogen aus dieser Zeit mitgenommen.

… dem Wörterseh-Verlag. Gesucht und gefunden trifft es hier wortwörtlich. Ich habe mich auf Anhieb bei euch wohlgefühlt. Die Zeit der Zusammenarbeit und der Buchgestaltung gehört zu den spannendsten in meinem Leben.

… meiner Lektorin Brigitte. Durch dich hat das Buch wahnsinnig an Qualität gewonnen. Nie vergessen werde ich unseren außergewöhnlichen Arbeitsort in Konstanz, an dem ich mich nicht hätte wohler fühlen können.

… all den Menschen, die mich ein Stück meines Wegs begleitet haben oder dies noch immer tun. Ihr alle ermöglicht mir wertvolle Erfahrungen und neue Erkenntnisse.

Wer meine Geschichte weiterverfolgen möchte, findet mich auf Instagram oder Facebook. Dort steht auch der Link zu meiner Homepage, auf der ich ein paar einfache Übungen zusammengestellt habe.

www.instagram.com/silvia_eyer
www.facebook.com/silvia.eyer1984

Unsere Bücher finden Sie überall dort,
wo es gute Bücher gibt, und unter
www.woerterseh.ch